U0474884

空间视域下国家高新区创新的
政策理论与实证研究

王京雷 赵 静 著

西南大学出版社
国家一级出版社 全国百佳图书出版单位

图书在版编目(CIP)数据

空间视域下国家高新区创新的政策理论与实证研究 / 王京雷,赵静著. -- 重庆:西南大学出版社, 2025.2.
ISBN 978-7-5697-2906-1

Ⅰ. F127.9;F204

中国国家版本馆CIP数据核字第20252F6R37号

空间视域下国家高新区创新的政策理论与实证研究
KONGJIAN SHIYU XIA GUOJIA GAOXINQU CHUANGXIN DE ZHENGCE LILUN YU SHIZHENG YANJIU

王京雷　赵　静　著

责任编辑：尹清强
责任校对：郑祖艺
装帧设计：米可设计
排　　版：王　兴
出版发行：西南大学出版社(原西南师范大学出版社)
　　　　　　重庆·北碚　　邮编:400715
印　　刷：重庆紫石东南印务有限公司
成品尺寸：170 mm×240 mm
印　　张：9.75
字　　数：156千字
版　　次：2025年2月第1版
印　　次：2025年2月第1次印刷
书　　号：ISBN 978-7-5697-2906-1
定　　价：49.00元

作者简介

王京雷,西南大学副教授,重庆大学管理学博士,长期从事产业规划、区域创新等方面的教学科研工作。主持中国科协高端科技创新智库青年项目、重庆市社会科学规划项目、重庆市技术预见与制度创新专项项目等,参研国家自然科学基金项目、国家社会科学基金项目、中央部委和地方政府课题等10余项。参编著作2部,以第一作者或通信作者在《公共管理学报》《中国农村经济》《农业经济问题》等国内外核心期刊发表学术论文10余篇。

赵静,西南大学博士研究生,主要开展公共政策分析、农业经济管理等方面的研究,参研多项省部级科研课题与国家社会科学基金项目。

前言

在21世纪第三个十年的曙光中,我们迎来了一个创新加速发展的新时期——一个科技日新月异、科技治理体系深刻变革、全球技术变革加速推进的新时期。在这个新时期中,国家高新区作为中国经济高质量发展与创新驱动发展的重要载体,正面临着前所未有的历史挑战与重大机遇。在这个新时期,全球科技创新的浪潮席卷而来,大数据、云计算、物联网、区块链、人工智能等前沿技术正以前所未有的速度改变着世界。这些前沿技术深刻地影响着技术创新、产业创新,也明显影响着国家高新区的创新投入与产出水平。

随着中国经济由高速增长阶段转向高质量发展阶段,国家高新区作为创新驱动发展的重要引擎,将承担更多推动产业转型升级、培育未来产业、优化经济结构的历史使命。全球科技创新的加速推进为国家高新区创新提供了更广阔的发展空间。国家高新区应当积极融入全球产业链、供应链、创新链与价值链,充分利用全球创新资源,引进高端人才和技术,持续提升创新水平。然而,全球科技创新变革为国家高新区创新带来机遇的同时,也带来了巨大挑战。一方面,全球科技竞争日益激烈,国际科技合作面临诸多不确定性,国家高新区需要在全球科技创新网络中寻找合适定位,实现差异化发展。另一方面,国家科技创新体系尚不完善、高端创新资源分布不均、科技成果转移转化机制不畅等问题依然突出,国家高新区需要在政策引导、机制创新等方面做出更多努力。因此,国家高新区作为我国区域创新的前沿阵地,需要积极拥抱时代变化,以奋发图强、厉兵秣马的精神,坚定实现高水平科技自立自强。

国家高新区是党中央、国务院为推进社会主义现代化建设，迎接全球技术变革而做出的重大战略部署。在新的时期，国家对高新区创新发展提出了更高、更具体的期望与要求。希望国家高新区进一步强化创新驱动发展战略，形成以创新为核心竞争力的产业体系和发展模式，积极参与全球科技治理，提升中国在国际科技治理中的话语权和影响力。同时，国家还期望高新区通过发挥辐射带动作用，加强区域协同发展，形成优势互补、协同发展的区域创新体系，实现区域经济转型升级和均衡化发展。截至2023年底，我国国家高新区总数达到178家，依托其中的66家国家高新区建设了23家国家自主创新示范区。这些国家高新区大都分布在直辖市、省会城市、重要地级市等地，是区域范围内的科技创新高地，更是全国创新驱动发展的主要力量。2023年，178家国家高新区实现园区生产总值18万亿元，占全国GDP比重约14%，企业研发经费投入和发明专利占全国比重达到50%，集聚了全国60%的科创板上市企业、70%的国家制造业创新中心与80%的全国重点实验室，已然成为国家科技创新的开拓者、先行者和引领者。

国家高新区这些成就的获得离不开一系列政策的支持。国家与地方科技创新政策是国家高新区创新发展的重要保障。通过制定和实施一系列创新政策，国家可以引导和支持国家高新区在技术创新、产业创新等方面取得突破性进展。然而，当前国家高新区创新政策在制定与实施过程中仍存在一些问题，政策体系尚不完善、政策执行力度不足、政策评估机制不健全等问题依然存在。这些政策问题成为国家高新区持续提升创新能力的"梗阻"，阻碍了国家高新区示范引领作用的发挥。此外，不同区域国家高新区的创新要素集聚能力、创新水平参差不齐，区域间创新不均衡情况突出。为了解决这些问题，一方面需要国家进一步完善国家高新区的创新政策体系，加强政策协调性和执行力度，建立科学的政策评估机制；另一方面需要学界不断研究新的时代背景下国家高新区创新发展的有效理论与实践经验。

本书正是在此时代背景下开展研究的,旨在通过全面剖析国家高新区在新的时期的创新之路及其与科技创新政策之间的互动关系,为相关政策制定者、研究人员及实践者提供理论与实践参考。

本书围绕国家高新区创新的政策理论与实践展开深入探讨,共分为八个部分。第1章为导论。第2章主要在"新"新经济地理学理论视角下探讨国家高新区创新过程,通过分析国家高新区创新活动的内在逻辑,建立国家高新区发展的政策分析框架,为实现国家高新区的创新均衡发展提供政策体系的优化方向。第3章重点分析国家高新区科技创新政策的府际合作网络,通过梳理中央与地方、地方政府间在科技创新政策制定与执行过程中的合作关系,研究不同历史时期国家高新区政策的府际合作网络演变特征。第4章研究国家高新区创新效率,整体分析主要国家高新区的综合技术效率、纯技术效率与规模效率,从时间维度和空间维度分析了国家高新区创新效率的差异情况。第5章研究国家高新区科技创新政策组合的驱动路径,研究不同政策工具的组合方式对国家高新区创新活动的影响路径,并进一步提炼国家高新区创新的政策组合驱动模式。第6章主要讨论国家高新区创新与空间区域发展政策之间的关系,梳理城市群、都市圈政策中国家高新区的角色与任务,并分析城市群、都市圈创新与国家高新区创新之间的关系及其互相促进的有效策略。以上内容既依托了充分的理论分析,也有基于数据的实证分析,并辅以大量的实践案例进行佐证,使研究结构充满层次性,研究内容充满丰富性。第7、8章采用准自然实验法,依次实证分析了国家高新区建设对城市经济发展、都市圈创新发展的作用。

总之,国家高新区创新是一项复杂且艰巨的任务,它关乎国家整体的创新能力和科技竞争力。只有坚持不懈地努力,不断探索国家高新区创新的政策理论与实践,才能逐步突破关键技术瓶颈,提升自主创新能力,也才能推动国家高新区逐步实现区域创新均衡发展。唯有如此,国家高新区才能在激烈的国际科技竞争中占据有利地位,支撑高水平的创新型国家建设,为实现中华民族伟大复兴贡献更多的科技力量和创新智慧。

目录

1 导论 ···001
　1.1 研究问题的提出 ···001
　1.2 研究对象的界定 ···003
　1.3 主要研究内容 ··004
　1.4 研究方法说明 ··005

2 "新"新经济地理学理论视角下的国家高新区创新 ··007
　2.1 国家高新区创新的区域不平衡 ··007
　2.2 国家高新区创新均衡发展的政策理论 ··009
　2.3 国家高新区创新均衡发展的政策体系优化 ···017

3 国家高新区科技创新政策的府际合作网络 ··021
　3.1 政策变迁理论视角下的高新区府际合作变化 ··022
　3.2 国家高新区科技创新政策范围与分布 ··028
　3.3 科技创新政策府际合作网络分析方法 ··031
　3.4 国家高新区科技创新政策的府际合作网络演变 ····································033
　3.5 府际合作网络演变中的国家高新区组织支持体系 ·································040

4 国家高新区创新效率测算及时空分异特征 ··045
　4.1 测算模型与指标数据 ··045
　4.2 结果分析 ···050
　4.3 国家高新区创新效率的时空差异特征 ··060

5 国家高新区科技创新政策组合的驱动路径 ……………………067
5.1 国家高新区政策组合驱动路径的分析方法 ……………………067
5.2 国家高新区科技创新政策类型及其量化 ………………………069
5.3 国高新区政策组合驱动路径与模式 ……………………………071

6 国家高新区创新与空间区域发展政策 ……………………………081
6.1 城市群与国家高新区的创新发展 ………………………………081
6.2 都市圈与国家高新区的创新发展 ………………………………092

7 国家高新区促进城市经济发展的实证分析 ………………………103
7.1 国家高新区建设与城市经济发展 ………………………………103
7.2 实证模型和变量说明 ……………………………………………106
7.3 实证结果及分析 …………………………………………………108
7.4 结论与建议 ………………………………………………………112

8 国家高新区推动都市圈创新发展的实证分析 ……………………113
8.1 文献综述与机制分析 ……………………………………………114
8.2 模型选择与变量说明 ……………………………………………119
8.3 实证结果及分析 …………………………………………………123
8.4 结论与建议 ………………………………………………………129

参考文献 ………………………………………………………………131

1 导论

1.1 研究问题的提出

新的时代背景下,创新已成为经济社会发展的核心驱动力。随着全球经济一体化的深入发展和科技革命的范式转变,创新在国家和地区经济社会发展中的地位和作用日益凸显。目前是我国建设社会主义现代化强国的关键时期,国际环境复杂多变,国内发展阶段面临重大转变,创新是目前突破重重困难、探索治理路径、实现社会富裕的主要抓手,也自然而然地成为推动经济高质量发展、构建现代化经济体系的重要引擎。从邓小平同志提出的"科学技术是第一生产力",到江泽民同志强调的"创新是一个民族进步的灵魂",再到习近平同志关于"实施创新驱动发展战略决定着中华民族前途命运"的论述,创新在国家发展中的地位不断凸显。

那么,创新源自何处?国家高新区给出了答案。国家高新区不仅是创新发展理论、区域创新、产业创新等实践的场所,也是新兴理论的发源地。自1988年我国第一个国家高新区——北京市新技术产业开发试验区(中关村科技园区的前身)正式设立以来,经过将近40年的发展,国家高新区已成为我国实施创新驱动发展战略的重要载体,对推动技术创新、优化产业结构、转变发展方式、增强国际竞争力等发挥着关键作用。国家高新区这些作用的发挥,离不开各级政府政策的支持。一方面,随着全球化和信息化的深入发展,国家高新区需要加快融入全球创新体系,吸引和培育高端创新人才,加强关键核心技术创新和成果转移转化,这都需要政策给予方向引导和资源集聚。另一方面,面对国内经济结构调整和产业升级的迫切需求,以及创新资源分布不均、创新生态体系不完善、创新政策执行不到位等问题,国家高新区政策也需要不断推陈出新,适应新的时代环境下的特殊需要。

国家高新区在历史进程中,已广泛受益于各级政府的一系列政策扶持,这些政策对国家高新区的发展起到了明显的推动作用。学术界对此亦给予了充分关注,众多研究已围绕国家高新区的创新机制与相关政策展开了深入探讨,为理解其发展阶段、成长路径与创新效能提供了丰富的理论支撑与实践参照。然而,步入新时代以来,面对国内外环境的深刻变革与复杂挑战,原有国家高新区创新的理论框架与政策体系亟需与时俱进,以适应新的情境要求。这意味着,需要在新的理论视野下对国家高新区的创新活动进行再审视与再评价。这就不仅要在理论上有所创新,构建能够精准捕捉时代特征的国家高新区创新框架,还需在政策创新层面实现突破,设计出更具针对性与前瞻性的政策工具。

我们可以先大致回顾以往研究中关于国家高新区创新的经典理论,比如增长极理论、产业集聚理论、三元参与理论等。这些理论都是此前研究中分析国家高新区发展所依据的经典理论。增长极理论在国家高新区的发展中占据了重要地位,认为国家高新区作为区域经济发展的增长极,通过实行特殊政策或倾斜措施,吸引区域内外的资金、技术、人才等资源,从而形成强劲的增长动力,并带动区域社会经济的快速发展;产业集聚理论认为国家高新区作为产业集聚的重要载体,借助自身在地理上的集聚优势,通过吸引相关企业集聚发展,可以形成强劲、持续的竞争优势,形成产业集群效应,并推动区域经济高质量发展;三元参与理论则从政府、科研院所与企业三方合作的角度出发,探讨国家高新区发展的新模式,认为国家高新区的发展需要三方共同参与,并形成相互交融、交叉影响、协同创新的新型网络关系。

当然,除以上经典理论以外,还存在区域创新系统理论、创新网络理论、孵化器理论等。这些理论都是经常被用来分析国家高新区发展的理论。在新的时代背景下,我们该如何选择一种契合当前与未来发展需要的理论来对国家高新区的创新活动进行分析?选择这一理论的标准又是什么?同时,作为国家高新区发展的责任主体,各级政府还需要重新审视,新的时代背景下国家高新区的政策方向是什么?如何在空间区域发展视域下审视国家高新区创新发展的作用?这些问题都需要我们深入思考。

1.2 研究对象的界定

国家高新区是国家级高新技术产业开发区的简称。我国国家高新区一般由省级高新区升级而来,省级高新区经科技部考察认定并报国务院批复,最终成为享受国家科技创新政策的国家级高新区。本书所指的国家高新区即国家级高新技术产业开发区,是经国务院批复成立、工业和信息化部归口管理、地方政府主导建设的高新技术产业园区。据工业和信息化部数据,2023年全国178家国家高新区实现园区生产总值18万亿元,占全国GDP比重约14%;实现工业增加值9.2万亿元,占全国比重约23%。可见国家高新区在全国创新驱动发展中的地位举足轻重,是本书的重点研究对象。研究国家高新区,必须与其他类似的产业园区相区别。特别是要与经济技术开发区相区别。国家高新技术产业开发区不同于国家经济技术开发区或一般的工业园区。它们虽然都属于国家级产业园区,但是总体而言,后者主要是壮大产业集群,推动产业集聚发展,以获得较高的经济产出。而前者的重点则是发展高新技术及其产业化,是科技含量、产品效应、创新生态等在空间上的高度集合体。

具体来讲,国家高新区与国家经开区有以下差异:首先,功能定位不同。国家高新区通常设立在人才密集、知识密集与技术密集的大中城市和沿海地区,主要通过政府的引导和扶持,将科技成果转化为现实生产力,并主要聚焦于高新技术产业的发展,推动科技创新和产业升级。而经济技术开发区往往设立在城市边缘地带,拥有较为完善的配套设施和充足的工业用地,更多地承担经济突围和产业壮大的任务,通过引进外资、吸收先进技术和管理经验,促进区域经济的快速发展。其次,产业结构特征不同。国家高新区以高新技术产业为核心,涵盖了微电子、电子信息、航空航天、新材料、生物医药等多个战略性新兴产业,这些产业通常具有高技术含量、高附加值和高成长性等特征。相比之下,国家经开区则以传统产业为支柱产业,比如机械制造、化工、食品加工等行业。这些产业通常具有较大的经济规模和较强的市场竞争力,为国家经开区带来稳定的经济增长和就业机会。最后,国家政策支持领域不同,两者享有优惠政策的侧重点不同。国家高新区作为科技创新和产业创新的重要基地,通常享有税收减免、资金扶持、人才引进等多方面的优惠政策,以鼓励企业进行科技创新和产业创新。而国家经开区则更多地关注招商引资和经济发展,通过制定土地优惠、基础设施建设、金融服务等支持政策,用以吸引外来投资和企业入驻。

此外,国家高新区还在发展模式、管理体制等方面存在特殊性。只有正确认识国家高新区自身的独特性,并在后续研究中牢牢抓住这一产业园区的本质,才能在此基础上,有针对性地探索出符合其特点的理论框架和政策实践路径,为国家高新区的持续健康发展提供坚实的理论支撑和实践指导,也才能确保国家高新区在创新驱动发展战略中发挥更大的作用,为我国经济的高质量发展注入强劲动力。

1.3 主要研究内容

本书主要开展以下四方面的研究:

研究内容一:国家高新区创新发展的新理论阐释。在新的时代背景下,以实现区域创新均衡发展为切入点和选择标准,选择"新"新经济地理学理论作为当下国家高新区创新发展的理论基础。基于国家高新区创新活动的分解,建立国家高新区创新发展的政策分析框架,提出国家高新区创新均衡的政策体系的优化方向。除此以外,还在后续研究中基于政策变迁理论、政策协同理论、政策扩散理论等进行国家高新区创新的政策实践分析。

研究内容二:国家高新区创新发展的现实情况分析。研究内容包括国家高新区科技创新政策的府际合作网络、国家高新区创新效率、国家高新区科技创新政策组合的驱动路径等。旨在运用社会网络分析方法、数据包络分析方法、定性比较分析方法,研究不同历史时期国家高新区政策的府际合作网络演变特征,国家高新区创新效率的时空差异,以及研究不同政策工具的组合方式对国家高新区创新活动的影响路径,并进一步提炼国家高新区创新的政策组合驱动模式,为未来国家高新区创新的政策实践提供现实依据。

研究内容三:国家高新区创新发展的区域政策分析。主要分析国家高新区创新与城市群政策、都市圈政策之间的关系。首先,梳理分析城市群、都市圈各项政策,寻找其中关于国家高新区的定位、功能、任务等方面的描述;其次,分析国家高新区创新与城市群、都市圈政策之间的关系及其互相作用的过程。

研究内容四:国家高新区创新的实证分析。主要采用准自然实验法,实证分析国家高新区建设对城市经济发展、都市圈创新的作用,并分析这一作用在不同区域之间的差异,以期为国家高新区促进区域发展提供经验支撑。

以上研究内容相互依托,层层递进。其中研究内容一是整个研究的理论依据,是理论出发点;研究内容二是现实依据,也是现实出发点;研究内容三则是政策具体功能领域的分析,扮演着承上启下的作用;研究内容四则是政策实践活动,也是研究的落脚地,即希望通过研究为具体政策实践活动提供支持。

1.4 研究方法说明

本书主要采用以下方法开展相关研究:

第 ,采用文献分析法、理论分析法搭建政策三维分析框架。搜集与国家高新区科技创新政策、"新"新经济地理学理论相关的文献资料,对搜集到的文献资料进行分类、梳理、提炼,形成基于微观异质性的三维分析框架。

第二,采用理论分析法搭建"新"新经济地理学视角下政策作用创新质量的框架。依据"新"新经济地理学理论,分析科技创新政策对创新质量的作用过程,以及分析企业、人才、产业对上述作用过程的影响,提炼、细化与修正理论框架。

第三,使用文本分析方法,分析政策基本属性。使用网络爬虫技术抓取国家高新区政策,建立高新区政策数据库;采用文本挖掘方法,以Python技术抓取国家高新区政策标题、发布部门、颁布时间、失效时间等在内的关键字段。选取具有明显地域属性的区域性政策作为分析对象。

第四,使用数据包络分析方法,分析国家高新区的创新效率,使用Malmquist生产率指数模型分析国家高新区创新效率动态变化的指标,从而全面了解国家高新区创新发展的实际情况。

第五,采用定性比较分析方法探索国家高新区政策作用创新质量的驱动路径。以国家高新区政策效力为条件变量,以高新区创新质量为结果变量,分析科技创新政策条件组合对高新区创新质量的影响。

第六,以准自然实验法剖析国家高新区对区域发展的作用。通过精心挑选具有代表性的国家高新区,以案例专栏的形式,较为全面地还原其创新活动过程,分析其创新政策的内容、实施过程以及相关的支持措施。

2 "新"新经济地理学理论视角下的国家高新区创新

国家高新区创新的理论基础涉及多个方面,技术创新理论、区域创新系统理论、增长极理论、创新集群理论等共同构成了国家高新区创新发展的理论体系。这些理论作为分析国家高新区创新机理、过程与绩效等方面的经典理论,被学术界和实务界广泛认可与应用。随着国家高新区创新广度与深度的不断拓展,以及国家高新区协同创新的实践增多,学界普遍认为国家高新区正向区域创新均衡和高质量创新目标迈进。然而,在国家高新区区域协作过程中仍存在诸多问题,导致创新均衡发展的效果不尽如人意。在这种情况下,"新"新经济地理学理论为重新审视国家高新区创新发展的机理,以及为完善区域政策并推动国家高新区创新均衡发展提供了新的研究视角。

2.1 国家高新区创新的区域不平衡

中国创新驱动发展战略已步入新阶段,科技创新正发力加速,由数量时代进入质量时代。面对全球技术深刻变革、国际产业竞争加剧等挑战,把握好"我国发展仍处于并将长期处于重要战略机遇期",强化科技创新对提高社会生产力和综合国力的战略支撑功能,助推基本实现社会主义现代化,是我国的重要战略目标。在全球价值链、创新链、产业链协同升级的背景下,国家高新区成为实现上述战略目标的重要载体。

国家高新区是全国创新驱动发展的先导力量,但区域不平衡现象仍然突出(刘会武等,2021)。国家高新区在国家科技创新战略中的引领带动作用日益加强,近年来国家高新区企业申请、授权、拥有发明专利占相应专利的比例均高出全国平均水平。《国家高新区创新能力评价报告(2023)》显示,2022年,国家高新区企业R&D人员全时当量和企业R&D经费内部支出占全国比重分别为33.1%、47.0%,国家高新区企业申请、授权、拥有发明专利数分别为59.6万件、28.1万件、149.0万件,增速均在10%以上,占我国境内外发明专利总数的比例分别为36.8%、35.2%和45.4%。

但国家高新区整体呈现东西部空间强弱异化特征,在关键资源分布中,占比较少的东部高新区却集聚了大部分创新资源(李琳等,2021)。虽然科技创新政策成为进一步推动国家创新驱动发展的关键工具,然而却未根本上解决高新区区域发展不平衡的问题。国家政策与地方省市政策强化了国家高新区创新资源的集聚能力与创新成果的产出能力(张韵等,2020)。但是胡树华等(2013)的研究表明,国家高新区区域创新能力分异的马太效应突出,东部地区高新区创新能力增速远高于其他地区。孙红军等(2020)的研究也认为高新区区域之间在全要素生产率、知识经济发育、产业价值链层级等方面的差距持续加大。据《国家高新区创新能力评价报告(2020)》显示,2019年,东部高新区"企业100亿元增加值拥有知识产权数量和各类标准数量""高技术企业营业收入占营业收入比例""企业单位增加值中劳动者报酬所占比重"较2018年分别增加16.5%、0.9%、2.2%,而西部高新区仅分别增加11.7%、0.4%、2.0%。可见,国家高新区高质量发展的区域不平衡问题仍未得到有效解决。

面对国家高新区区域发展不平衡问题,科学认识政策"工具箱"的功能机制,破解国家高新区区域政策效果问题,成为推动区域协同创新发展的当务之急。东部开发区科技创新政策推动创新的效果相较于中西部开发区往往更加明显,而中西部特别是西部开发区向东部开发区学习后的政策效果却远未达预期(陈翼然等,2021)。相类似的政策在区域之间产生的效果却差异明显,相对不发达区域的国家高新区政策资源投入与创新成效之间的相关性偏低。这些问题不仅困扰着政策制定部门,也同样困扰着学术界。

2.2 国家高新区创新均衡发展的政策理论

2.2.1 国家高新区创新均衡发展的新视角

学界通常以新经济地理学作为理论基础,来研究经济活动的空间集聚问题(Rocha等,2021;Commendatore等,2021),特别是关于产业集聚会给企业带来收益的论断,或能解释政策在区域经济活动中作用效果不一致的原因(刘军辉等,2016)。但新经济地理学坚持同质企业、垄断竞争、规模经济的假设条件,仅从宏观层面上的优势来说明经济活动发生的原因,却无法从微观上解释为何仍有许多企业分布在低水平区域,而不是全部集聚在高水平区域。现实情况也表明,一些较高生产率水平的企业倾向于集聚在发达地区,而相对水平不高的企业却有向不发达地区集中的趋势(刘海洋等,2012)。由此引发了更大的疑问,是更好的政策推动地区要素密集度增加,从而促进区域生产效率的增长,还是更好的生产要素自主选择进入生产水平更高的地区？新经济地理学无法回答上述鸡和蛋的因果关系问题,也无法很好地回应上述背景下区域政策效果差异的问题(Ottaviano,2011)。

"新"新经济地理学(NNEG)将企业与劳动者的异质性引入新经济地理学的分析框架,突破了新经济地理学对企业同质性的假设,为解释国家高新区区域政策失灵问题提供了新的科学视角。Baldwin等(2006)开研究先河,运用垄断竞争分析框架证明了在集聚效应和选择效应下,生产率更高的企业会主动选择市场竞争大的中心区域,而低生产率企业则分布在外围区域;有研究表明在市场规模和竞争程度较大的地区,只有生产效率较高的企业才能生存(Okubo等,2010;

Roux 等,2012)。Venables(2011)则指出高技能劳动者主动选择在生活成本较高的大城市工作,并由此提高了整个城市的劳动生产率。既然存在 NNEG 所谓的自我选择机制,那么欠发达地区发展政策的失灵问题就容易找到实质性原因。王燕等(2020)以 NNEG 理论成功分析了欠发达地区政策的作用机制。因此,NNEG 的微观异质性,能够成为科学分析政策推动地区发展的科学视角,可用来研究中国情境下的国家高新区区域不平衡发展问题,并深入探讨其发生机理、运作机制与优化应用。

2.2.2 国家高新区创新均衡的政策分析框架

2.2.2.1 国家高新区创新异质性的相关研究

在分析国家高新区科技创新差异时,研究者往往关注不同区域高新区创新水平的差异,以及引起这种差异的原因。林剑铭等(2021)总结了开发区区域异质性的表现,大致包括空间分布、生产活动、生产效益等方面,并指出国家级开发区发展存在着显著的不平衡状态。尹俊雅等(2020)进一步指出国家高新区的技术追赶效应在中西部地区,以及在对外开放程度更高的地区中表现更为明显。而产业结构差距、科技金融差距则是造成不同区域国家高新区全要素生产率增长差距的显著性影响因素(孙红军等,2020)。

国家高新区不同类型企业存在创新差异。首先,随着企业作为创新主体地位的明确与提升,国家高新区创新的研究对象已逐渐由宏观的区域层面转向微观的企业层面。国家高新区作为一项制度设计,对域内企业创新具有重要作用。陈胜蓝等(2021)的研究指出,当与公司合作的第一大客户所在地批准设立国家高新区后,公司销售收入的增长率会大幅提升。虽然国家高新区对域内企业活动具有影响,但影响的方式与方向还未形成一致结论,汪文生等(2020)的研究表明处于中西部欠发达地区的国家高新区对企业创新绩效的影响更加明显,但张杰等(2021)指出高新区升级政策对城市层面企业创新水平产生了显著的促进效应,而且对东部地区企业的影响更加明显。其次,企业本身具有不同性质与特征,而国家高新区的设立对不同类型企业的影响不尽相同。相关研究显示自主创新示范区的设立对非国有企业的促进作用更强,国有企业、集体企业、微型企业的技术效率都高于全国同类高新技术企业,国家级开发区对域内中央国有企业创新的促进作用更强(蔡庆丰等,2021)。

国家高新区政策影响着企业集聚与选址。国家高新区创新异质性不仅体现在不同类型企业的创新方面,也体现在国家高新区政策对企业集聚分布的影响。一是国家高新区政策能够影响企业集聚的产业形态。我国高新区产业相对于非高新区产业在知识生产方面的规模递增效应更加显著,国家高新区产业具有较大的发展空间。施贞怀等(2022)研究发现开发区政策能够集聚外部性较强的出口产业,其入驻开发区的概率会明显提高。二是国家高新区政策促使企业的分布呈现"中心—外围"结构。开发区的优惠政策推动企业在中心区域与外围区域之间转移,降低了产业整体空间的集聚程度。谭静等(2019)研究发现开发区政策对区内企业生产率提升具有积极影响,但是对区外企业没有表现出溢出效应。也有研究持不同观点,认为开发区内低生产率企业进入了出口市场,吸引了低端生产性服务业集聚,反而是开发区外的样本出现了高生产率企业出口的自选择效应(卓乘风等,2021)。

空间效应下国家高新区政策对企业的影响。随着研究深入,已有少量研究开始从微观异质性视角研究国家高新区政策对创新的功能。盛丹等(2018)基于"集聚效应"和"选择效应"的视角分析了开发区影响企业成本加成率分布的理论机制,实证分析表明"选择效应"占主导地位,导致了区内企业成本加成率偏低。也有研究从政策效应、集聚效应和质量差异化产品选择效应等方面分析开发区政策对企业产品质量的提升作用(杨烨等,2021)。总之,高新区政策作为一种诱导性政策能够集聚资源并促使经济增长,并且区内企业在推动经济增长方面表现突出。

2.2.2.2 国家高新区创新的政策分析框架

"新"新经济地理学将经济活动的空间效应归纳为空间选择效应、人才归类效应与产业集聚效应,这为进一步探索国家高新区区域政策的作用机制提供了更细致的分析维度。其一,空间选择效应——生产率高的企业会集聚在核心区,而生产率低的企业分布在边缘区,国家高新区作为创新核心区集聚了大批创新能力较强的高技术企业,特别是发达地区高新区高技术企业的实力强劲,周边分布着较多等待认定入园的高技术企业;其二,人才归类效应——卓越的高技能劳动者主动选择在核心区工作,而低技能劳动者选择在非核心区工作,国家高新区人才高地的功能突出,东部高新区企业人才规模对创新水平存在先抑制后促进的效应,异质性人力资本引进与开发已成为增强高新区核心竞争力的重要途径;其三,产业集聚效应——企业地理集中所产生的规模经济与知识溢出等正外部性推动了企业生产率的提高,高新区产业链现代化水平高,欠发达地区高新区在多样化集聚中所产生的知识溢出效应较低。科技创新政策在高新区创新资源集聚、规模创新中发挥着重要作用,但不同区域高新区科技创新政策推动创新发展的差异明显。在NNEG的视角下,很可能会发现区域间的创新差异与企业、劳动者等微观异质性因素密切相关。科技创新政策在其中扮演的作用及机制具有独特性、创新性与科学性。因此,应当基于"新"新经济地理学的空间效应,深入挖掘欠发达地区国家高新区区域科技创新政策的失灵机理,研究高新区区域政策作用创新的功能机制,并以此支撑高新区政策体系的优化与应用。

首先,建立基于"企业—人才—产业"微观异质性的政策分类维度。以"新"新经济地理学关于微观异质性的论断为基础,从空间选择效应、人才归类效应、产业集聚效应三个维度梳理归类国家高新区科技创新政策,并体现科技创新政策的作用趋势变化,最终建立"企业—人才—产业"的三维政策分类框架(图2.1)。

2 "新"新经济地理学理论视角下的国家高新区创新

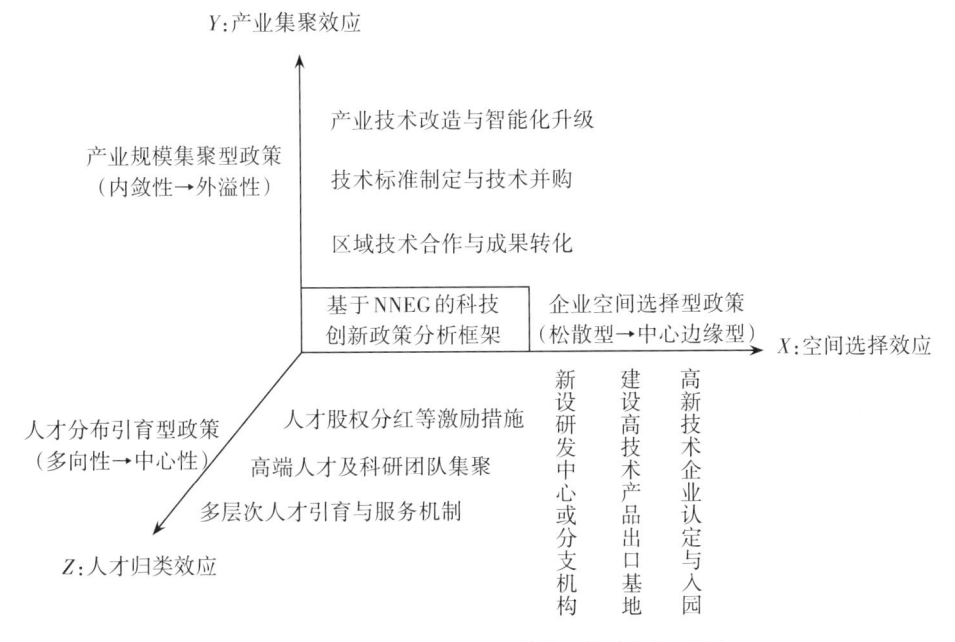

图2.1 国家高新区科技创新政策的三维政策分类框架

科技创新政策分析的"三维"指 X 轴的空间选择效应、Y 轴的产业集聚效应与 Z 轴的人才归类效应，分别梳理归类三种政策类型：企业空间选择型政策、产业规模集聚型政策与人才分布引育型政策。企业空间选择型政策包括但不限于企业新设研发中心或分支机构、企业建设高技术产品出口基地、高新技术企业认定与入园等，由于空间选择效应的存在，生产率高的企业逐渐向高新区中心集聚，生产率低的企业分散在高新区外围。因此，企业分布特征由松散型分布特征向中心边缘型分布特征转变。产业规模集聚型政策包括但不限于产业技术改造与智能化升级、技术标准制定与技术并购、区域技术合作与成果转化等。由于产业集聚效应的存在，企业知识与技术溢出速度加快，规模效率持续提升。因此，企业知识技术扩散由内敛性特征向外溢性特征加速转变。人才分布引育型政策包括但不限于人才股权分红等激励措施、高端人才及科研团队集聚、多层次人才引育与服务机制，由于人才归类效应的存在，高端人才的多向流动受阻，反而更趋于向中心城区或核心区域流动。因此，人才流动从多向性特征向中心性特征转变。

其次,基于"选择—归类—集聚"效应分解国家高新区创新活动。分析"新"新经济地理学的核心内容与国家高新区创新活动之间的联系,从理论上分析两者之间的逻辑关联。"新"新经济地理学延续了新经济地理学以规模经济和不完全竞争为基础的观点,但更强调企业、个人等微观异质性和企业的集聚行为。它将企业之间的效率差异引入传统的新经济地理模型中,以考察企业异质性条件下的生产成本和市场规模的差异,可以从竞争性企业供应产品的数量差异及生产效率差异的角度来分析区位差异。国家高新区通过集聚创新要素,以企业为主要的市场主体开展科技成果转化与产业化,以科技创新的规模效率促进技术效率提升。实际上,国家高新区也是通过集聚生产效率高的高技术企业与技能水平高的人才,增加本地科技创新主体的创新能力,维持本地科技创新的内生动力。就创新活动而言,国家高新区包含了在区域内集聚高端创新要素进行科技成果产出、转化与产业化的完整过程,存在各类要素的集聚、选择与归类效应(表2.1)。

表2.1 NNEG空间效应下的国家高新区创新活动分解

	产业集聚效应	空间选择效应	人才归类效应
科技成果产出	高技术企业持续进行技术引进、知识扩散,实现技术突破与消化能力的提升	高技术企业选址研发园区集中生成专利、技术,提升科技产出的竞争力	基础研究型人才引育,推动解决重大科学问题和开展原始创新
科技成果转化	高技术企业或上下游企业联合试验、开发、推广,形成新产品、新工艺、新材料	企业选址孵化园区培育技术产品与投资高潜力企业,提升成果转化能力	应用研究型人才引育,提升集成创新能力、成果转化效益与技术推广成效
科技成果产业化	"创新链"与"产业链"深度融合,催生技术产业创新的规模化	企业选址产业园区进行主导产品的生产,扩大生产力和提高生产效率	高技术产业与战略性新兴产业的人才引育,推动产业创新与壮大

最后,基于NNEG三大效应的政策作用于国家高新区创新的分析框架。在"新"新经济地理学视野下,以国家高新区政策分类维度与创新活动分解为基础,

剖析高新区科技创新政策影响创新质量的过程，理论建构国家高新区科技创新政策对创新质量的作用框架。具体可以从国家高新区政策目标与政策工具两方面进行分析。

政策目标与政策工具是一项特定政策中的重要内容，政府通过科技创新政策推动创新发展的初衷，也即通过政策目标与政策工具来对创新施加具体的影响。国家高新区科技创新政策目标，既可能表现为定性描述高新区的创新发展方向与创新产出状态，也可能表现为高新区科技成果产出、转化及产业化等方面的一系列指标数据。在一定时期内，国家高新区按照政府文件中规划的政策目标进行分解，制定分阶段的发展目标与对应策略。而政策工具则直接表现为政府为推动高新区创新发展的具体举措与任务分工，是政府在政策有效期内对高新区施加影响的具体参与行为。

参照科技创新政策的目标，国家高新区创新发展的方向不至于偏离，各项任务也会紧密贴合政策目标而开展，能够杜绝无效和无用的政府行为与企业生产活动。明确的目标设定也有助于高新区资源投入的精准性，有助于从投入导向确保资源的有效利用。政策目标在政策执行初始阶段与现实情况差别较大，对政策活动的指导性价值未能充分展现，特别当科技创新政策目标存在定位不清、定位不准等问题时，实际的科技创新活动就会偏离创新的正常轨道，不利于创新竞争力的提升（旷宗仁等，2012）。而随着创新活动的开展，政策目标与现实状态的差别逐渐缩小，对创新活动的引导价值逐步加大。政府政策工具在科技创新供给端、需求端、环境中间端的多重作用特征明显，政府通过供给型政策工具、需求型政策工具与环境型政策工具全方位推动科技创新。正像不同类型政策工具发挥作用的路径与方式不同，不同类型政策工具对创新效率的影响也必然不尽相同。概括地讲，在政策实践中，政策工具对创新效率的影响具有复杂性（苏子逢等，2020）。提升技术创新能力与效率本是科技创新政策的主要功能，而不同政策工具的结构差别会导致技术创新政策效力差异的产生（吕燕，2014）。

在国家高新区创新发展的科技创新政策中，既存在中央政府及部委颁布的全国性政策，也存在地方政府及职能部门出台的地方性政策。两类政策均能够通过目标设定、资源调配与环境优化作用于高新区创新,且同时发挥政策功能。但由于两者在政策力度、效力范围、传递机制上的差异,在高新区创新中发挥的政策效力不同可能直接导致政策效果不同。全国性政策的政策力度强于地方性政策,能够在全国范围内调配创新资源(姜彩楼等,2009),但也存在政策对象不精准、资源运用不适用等问题,影响其发挥更大政策效用的可能性。地方性政策的政策力度虽然弱于全国性政策,资源调配的力度也不如全国性政策,但由于其往往更加符合地方实际,提供的政策资源也更加贴合地方需要,推动创新效率提升的效果并不一定弱于全国性政策。

除了科技创新政策效力范围可能导致作用创新效率的不同,区位条件也是重要影响因素。不同区域的国家高新区,其所在地区的经济水平、基础环境存在差异,特别是其所在城市公共服务水平与创新创业环境等方面的区别很大(白雪洁等,2014)。科技创新政策发挥作用不仅仅依据自身是否科学合理,也依赖于政策实施的环境是否优秀高质。东部地区由于优越的区位优势与成熟的创新生态,对科技创新政策实施的推动作用可能更为明显,但这一推动作用也可能被东部地区更加高质量的区域性科技创新政策所淡化。中西部地区的区位优势与创新生态明显落后于东部地区,对政策实施效果的加成作用可能弱于东部地区。然而,中西部地区科技创新政策资源的稀缺性更高,其作为推动国家高新区的重要手段也可能带来更积极的效果。

"新"新经济地理学的核心要义可以概念化为空间选择效应、人才归类效应、产业集聚效应,分别研究企业、人才、产业等主体微观异质性对经济活动的影响。其中企业是市场中最重要的创新主体,企业的竞合优势与集聚态势是提高经济效率和创新能力的重要影响因素;人才是根本,人力资本是技术创新与经济增长的内驱动力;产业是诸多企业集聚的结果,既是技术创新活动开展的载体,也是技术创新转化的主要导向,完整产业链条带来的规模效益与溢出效应,是产业协同创新的结果与表征。国家高新区以高技术企业为重要创新主体,在不断集聚人才等高端创新要素的过程中,持续作用创新活动并不断实现技术产业化。国家高新区科技创新政策则从各方面作用于这一过程,通过企业空间选择、人才分布引育、产业规模集聚等措施,合理配置运用资源,进一步提升区域创新能力与竞争力。综上,国家高新区科技创新政策影响创新质量的机制,一方面是科技创新政策直接作用于创新质量,另一方面是政策通过影响企业、人才与产业集聚间接作用于创新质量(图2.2)。

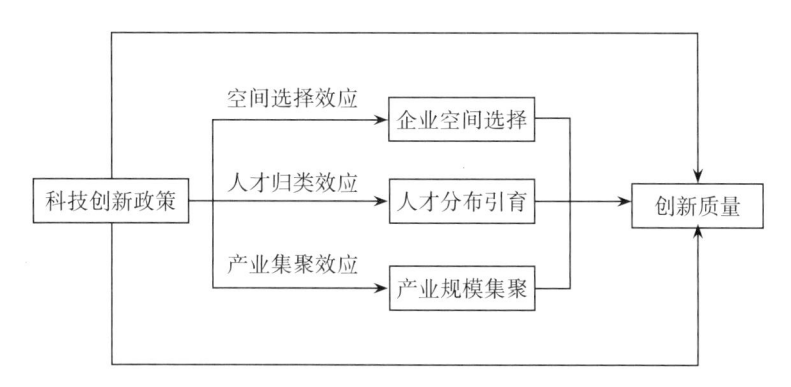

图2.2 国家高新区科技创新政策作用于创新质量的理论框架

2.3 国家高新区创新均衡发展的政策体系优化

2.3.1 国家高新区政策体系优化原则

第一,政策连贯性原则。政策的连续性和稳定性是由政策本身的严肃性决定的,是经济发展、社会进步的必然要求。国家高新区政策实现了一些预期的政策目标,同时,也产生了一些与原有政策目标相违背,甚至消极的政策效果;此外,新的政策环境也产生了一些新的政策需求。国家高新区政策协同体系优化的连贯性原则就是一方面要停止与现有环境形势相冲突、失去存在合理性的那些政策规定,另一方面要延续和新增与现有环境形势相适应的政策内容,使国家高新区政策内涵在变动中得到保留。

第二,政策动态性原则。国家高新区政策协同体系优化的动态性原则是指国家高新区政策与其所处的特定背景、相关政策和实施机制相互作用、相互调适的过程。一方面,当国家高新区政策所处的特定背景(如全球技术创新网络)发生变化,政策本身及其实施机制需要进行调整,从而与新的环境之间实现动态均衡。另一方面,国家高新区政策又会塑造或形成新的政策环境,推动特定背景下新目标的实现,国家高新区要在这一目标实现中不断调整未来创新政策的发力方向。

第三,政策执行性原则。政策的有效性在于执行流程的权威性及服从性。国家高新区政策体系优化的执行性原则就是要在政策执行过程中,确保下级机构执行上级机构发布的政策,各级别执行主体要遵循政策所规定的内容,各司其职,不能越权和侵权,保证政策在执行过程中的贯彻落实。

第四,政策协同性原则。政策协同性原则要求各级政府、各职能部门与国家高新区管理机构共同制定区域创新政策,确保创新政策制定各主体对同一创新领域的共同行为。特别要重视国家高新区所在地人民政府的管理职责,发挥其在整个政策协同过程中的协调角色,推动各方主体参与政策协同制定的过程。

第五,政策区域性原则。政策区域性原则要求在政策制定时,要在确保政策有效的前提下,尽可能将创新资源向中西部欠发达地区的高新区倾斜。为推动全国国家高新区之间尽可能实现均衡发展,解决东中西部地区创新差异过大的问题,需要制定能够平衡区域创新的高新区创新政策。中央政府及国家部委应专门制定国家高新区创新均衡发展的专项政策,从政策制度设计层面保障区域均衡发展。

2.3.2 国家高新区政策体系优化维度

国家高新区创新均衡发展的政策优化,可以将跨部门(科技部门、工信部门、发改部门等)、跨层级(中央—省级政府—地级市—高新区管理机构)、跨要素(技术、人才等)的三条线索作为主要优化维度,推动形成国家高新区创新均衡发展的政策体系。跨部门、跨层级、跨要素等维度的全国政策体系的一体化设计,与国家高新区的创新均衡发展密切相关。

第一,以跨部门为主体的全国性政策统筹。我国科技部、工业和信息化部作为制定和实施国家科技发展战略政策以及管理国家高新区发展的部门,在国家高新区全国性政策制定和推动实施中占据主导位置,通过对全国范围内总的国家高新区政策的制定,对各个地方科技部门政策的制定起着引领作用。这些部门作为行业管理部门,主要管规划、管政策、管标准,指导行业发展,对全国高新区产业均衡布局并且对后续实施情况进行监测、预警和引导。国家发展改革委作为国务院的综合协调部门,也是国家的宏观调控部门,在其他部门推出国家高新区政策后,由发改部门对政策实施带来的社会经济效益进行监测,并提出相应的宏观调控政策建议。

第二,以跨层级为方式的政策纵向性协调。中央作为国家政权最高领导机构,整体谋划全国高新区的政策制定。省级政府贯彻落实中央制定的各项国家高新区政策,在中央发布政策的基础上,结合省内实际情况可以因地制宜地进行政策细分或者修改。地级市作为国家高新区所在地的管理责任主体,落实中央和省级政府发布的各项政策,指导国家高新区管理委员会负责园区各项细化政策的制定和具体落实。这些具有上下级关系的组织机构通过政策的逐层制定,执行落实政策中对国家高新区创新的要求,从而实现中央对全国高新区均衡发展的统筹安排。因此,在这一制度设计中的关键点包括两方面,一是中央对全国国家高新区均衡发展的目标与任务设计,二是地方各级政府及国家高新区管理机构政策执行的力度及其效果。

第三,以跨要素为内容的政策均衡性配置。以跨要素为内容的政策均衡性配置是一个复杂而细致的过程,它涉及多种要素(如土地、劳动力、资本、技术、数据等)之间的协调与平衡。在推动全国国家高新区创新均衡发展的过程中,要思考如何通过涵盖多种创新要素的政策设计,推动创新要素在全国各区域国家高新区之间实现有序流动。具体来讲,各级政府在制定和执行国家高新区政策时,应充分考虑不同要素市场之间的相互作用和影响,规避要素之间的冲突和矛盾,并通过合理的政策安排,实现各要素市场的均衡和协调发展。这种均衡性配置对于优化资源配置、提高创新效率具有重要意义。

案例 2-1

实施创新积分制　推动创新要素向科技型企业集聚

自 2020 年起,原科技部火炬中心(现工业和信息化部火炬中心)在多个国家高新区探索开展"企业创新积分制"试点。该试点工作主要是为推动创新体制机制改革,建立一种基于数据驱动、定量评价、适用性广的新型政策工具。通过打通财税政策、产业资源、科教资源、金融资源等资源要素支持企业创新的直接通道,加快资金、技术、人才、数据等生产要素向国家高新区内的科技企业流动,从而支持和培育一大批创新能力突出的优秀科技企业,为国家高新区创新发展提供有力支撑。

2021 年,江阴国家高新区成功获批"企业创新积分制"试点园区。江阴国家高新区积极主动谋划顶层设计,制定出台企业创新积分制试点建设工作方案、企业创新积分管理评价指标体系,开展创新型企业遴选,搭建和完善企业创新积分系统平台,实现企业创新画像和创新政策的匹配。同时,按照"科技型中小企业—高新技术企业—创新型领军企业"的培养路径,江阴国家高新区积极培育和发展科技型企业,不断促进金融、人才等优质要素资源向科技型企业汇聚。2023 年,襄阳国家高新区也获批"企业创新积分制"全国试点园区,探索以企业创新积分量化评价企业创新能力的新型政策工具。襄阳国家高新区打造科技企业创新能力量化评价主平台,按照企业不同成长阶段制定差异化评价体系,重点突出精准识别科技企业、为科技企业融资纾困两大核心功能。截至 2023 年底,襄阳国家高新区企业创新积分服务体系已汇集金融机构 26 家、科技服务机构 35 家、科技创新平台 169 家。

3　国家高新区科技创新政策的府际合作网络

　　科技创新政策是支撑区域创新发展的主要工具,对区域创新方向与资源集聚转化具有重要影响。系统回顾科技创新政策,能够审视时代情境下科技创新政策的演变规律。国家高新区作为地方发展的最主要创新主体,能够很大程度代表地方的创新水平。国家高新区的创立、发展与转型,贯穿着一系列政策的出台与实施,是国家与地方政策体系在区域创新中的典型应用。国家高新区承担重要的创新功能,科技创新政策在其中的积极作用一直被广泛认可。

　　自国家高新区建立以来,中央、地方省市,乃至高新区管理机构为推动高新区创新发展出台了大量的科技创新政策。实践证明,技术创新、财政税收、科技金融、成果转化等政策发挥了极大的推动作用,为高新区创新带来了便利的要素集聚与成果转化条件。即便如此,关于高新区科技创新政策的问题仍然被大量提及,科技创新政策的体系性与完善性有待进一步研究,而这些政策背后所展现的政府治理角色参与和内容倾向变化更是值得深入探讨的问题。为此,从政策发文机构与政策文本内容出发,全面分析国家高新区30多年来的治理机构合作网络与政策主题演变,能够透视在国家高新区创新中科技创新政策所扮演的功能角色。

3.1 政策变迁理论视角下的高新区府际合作变化

政策变迁,从字面意思理解即政策属性随着时间变化而产生变化的过程与结果。政策变迁是政策过程研究的重要内容,通过展示某类或某区域政策在一定时间内发生的变化,以及寻找产生这种政策变化背后的原因,达到对某一问题的深入理解,既能够总结以往政策的经验不足,也能够为未来政策发展方向提供借鉴。

关于政策变迁的内涵,最具代表性的是美国学者Anderson的政策更替观点,其在《公共政策制定:导论》一书中提出政策变迁是指原有政策被一个或多个新政策取代,包括新政策的出台或旧政策的修正与废止(Anderson,2011)。关于原有政策是修正抑或是废止,即当某些政策违背了社会意识形态倾向,被认为是浪费的或不必要的,此时该政策会进入终止议程;若某些政策虽被认为是必要的和可取的,但受到的批评仍然足够强烈,以至于政策制定者感到有必要采取行动,政策就更有可能被改变,而不是被终止。Hogwood等(1982)认为政策继承、政策维持、政策创新和政策终止等属于典型的政策变迁类型,因为这是阐明其特性的有效途径,但实际中最经常发生的仍是政策继承,并可进一步细分为线性渐变、政策整合、政策拆分、部分终止、非线性演替等类型。从社会学习过程去理解政策变迁的含义,政策变迁可视为政策制定者基于过去的经验和新获取的信息,为解决当下的新问题而对政策目标、政策工具等方面进行不断调整的过程(Hall,1993)。这些多元化的定义有助于我们从多视角认知何为政策变迁。为进一步理解政策变迁发生的原因、动力、机制,学者们提出了不同的解释模型,主要包括多源流框架、倡导联盟框架、间断均衡框架等。

3.1.1 多源流框架与政策府际合作网络

多源流框架的理论核心为政策议程开启的推动力溯源。约翰·W.金登(2004)认为一项政策议程之所以能够被开启是多种因素共同作用的结果,而非某种因素的单一作用。他将这些因素划分为问题源流(Problem Stream)、政策源流(Policy Stream)和政治源流(Political Stream),当三种因素的作用在某个时刻汇聚在一起形成强大的政策推动力时,政策议程就会被开启。三条源流之于政策变迁的推动各有侧重,其中问题源流代表着需要政府关注解决的经济社会问题正在发生变化,政策源流意味着政策企业家的政策建议与主张正在更新,政治源流表示着政治舆论、治理理念、体制机制等政治系统因素正在产生变革。当三条源流发生交汇,表明政策问题、政策方案与政治情势三者实现了有机融合,正式推动政策之窗的开启,政策变迁随之产生。换言之,政策变迁的机会就在于三条源流汇集而成的政治之窗的开启,这意味着政策变迁的条件已经成熟。多源流框架解释政策变迁的过程逻辑可归纳概括为问题源流与政治源流发生变化打开了政策之窗,政策企业家利用该机会推出政策方案,三条源流产生交汇从而导致政策变迁(柏必成,2010)。

多源流框架在政策变迁研究中具有强大的解释力,国内外学者应用此框架研究具体领域的政策变迁也非常多见。国外学者如Brunner(2008)采用多源流框架分析了德国排放交易制度的政策转向;Bozzini(2018)结合多源流框架和阶段模型分析了欧盟农药监管政策的发展;Llamosas等(2018)着重阐述了政治因素对巴拉圭能源政策现状的影响;Brasil等(2017)用多源流模型分析政策变化对巴西公共高等教育系统产生的影响;此外,Kristin(2017)还对多源流模型做了改进,将突发事件的稀有性这一概念作为政策变化机会的重要预测物。中国情景下,多源流模型也具有一定的解释力,但在应用过程中还存在独立性困境、权重划分困境和框架变异困境等多重困境(王刚等,2019)。因此,国内学者对多源流模型进行了多方位的改造以适应中国政策变迁的特殊环境。如于永达等(2013)结合中国国情将三条源流改造为执政党的政治取向、允许表达的社会问题和具有相容性的备选方案;魏淑艳等(2016)构建了网络逻辑下的多源流模型,针对性地解决了多源流模型中国化过程中在决策模式等方面的不适应问题;杨志军(2018)强调"要素嵌入"的重要性,构建了"源流要素+中介变量"的新多源流模型。这些经过改进的多源流模型对中国的政策变迁具有更强的解释力。

多源流框架可以被用来解释国家高新区政策府际合作网络的变化,具体从问题源流、政治源流和政策源流三个方面入手,分析它们如何相互作用并影响府际合作网络的发展。其一,由于问题源流主要关注社会经济发展过程中存在的问题或挑战,这些问题可能引发公众关注,进而形成政策议程。国家高新区创新一直是政府与社会各界重点关注的问题,当前随着国家高新区高质量创新发展的深入,各个国家高新区均面临新的技术瓶颈、产业转型压力等问题。这些问题需要不同层级政府之间、不同政府部门之间加强合作,共同寻找解决方案。其二,政治源流涉及政治环境、政治压力、政治领导人的态度等方面,这些因素也会影响国家高新区政策的制定和实施,如党和国家领导人关于科技创新的论述、科技创新战略的部署、科技创新体制的改革等方面的变化会促使国家高新区相关责任部门之间加强合作以适应新的政治环境,直接影响着高新区政策府际合作网络的构建与发展。其三,政策源流由政策专家、学者和利益相关者等提出的政策建议和备选方案组成,政策利益主体根据国家高新区发展的实际情况和问题,提出相应的政策建议,而这些政策建议和备选方案的论证和优化会促进政府部门间合作网络的构建。综上所述,多源流框架为国家高新区政策府际合作网络的变化提供了一个有效的解释框架。

3.1.2 倡导联盟框架与政策府际合作网络

Sabatier于1988年发表了《政策变革的倡导联盟框架及政策导向学习在其中的作用》一文,提出并系统论述了关于政策过程研究的倡导联盟框架。他认为建立这一框架应具备三个前提:一是用相当长的时间了解政策变迁的过程以及政策导向学习在其中的作用;二是了解政策变迁最有用的方法应是关注"政策子系统",即对某一政策领域感兴趣的不同机构参与者之间的互动;三是公共政策可以以与信念体系相同的方式进行概念化,即作为价值优先级的集合和关于如何实现它们的因果假设(Sabatier,1988)。从这一框架出发,政策变迁的产生可主要归因于政策子系统的动态变化,即子系统中的行动者基于相似的观念信仰和利益偏好结成倡导联盟,然后采用支持策略来影响公共政策。政策子系统又可分为协作性和竞争性子系统,虽然支持策略可能会在竞争性子系统中存在冲突,但经过政策掮客的居中协调与谈判,政策变迁就有可能发生(Weible等,2009)。此外,一些外生变量也是政策变迁的主要来源,既包括基本的自然资源禀赋、宪法结构、社会结构等相对稳定的变量,也包括社会经济条件变革、执政联盟变革等相对活跃的因素。

鉴于经济社会环境的不断变化以及各国国情差异,近年来学者们对倡导联盟框架的内涵与适用性做了诸多分析。部分学者进一步发展了倡导联盟框架的相关概念,以系统的方式明确分析框架中的所有概念及其相互作用,并解构了过程导向信念、学习和信息的隐含概念(Pierce等,2020;Luxon,2017)。Koebele(2019)将合作治理理论与倡导联盟框架相结合,来更好地解释协作环境下的联盟动态、面向策略的学习和政策变迁。Nwalie(2019)分析了倡导联盟框架与第三世界国家的政策变迁,提出在有法治、分权、言论和结社自由等前提条件下,该框架可以应用于非洲民主国家的政策改革。相对于国外学者对倡导联盟框架的改造,国内大多数研究还仅限于应用传统的框架来解释我国生活垃圾治理政策、非政府组织政策、出租车行业政府规制政策等具体领域政策变迁的发生机理(田华文等,2015;王洛忠等,2016;李金龙等,2019),也有学者提出为增强该模型在我国社会政策领域的适用性,应分析倡导联盟价值偏好与规则意识对政策目标修正方面的作用,以及关注政策亚维度冲突与跨层级政策学习活动对政策变迁的影响(侯志峰,2019)。

利用倡导联盟框架来解释国家高新区政策府际合作网络的变化,可以从以下四个方面进行。第一,政策核心宗旨是贯穿于整个政策领域或子系统中的基本行为规范和因果认知。在国家高新区政策府际合作网络的变化中,政策核心宗旨的转变起着至关重要的作用。随着全球价值链与创新链深度融合的趋势越来越明显,国家高新区逐渐认识到协同发展的重要性,开始从过去零散的合作转变为全方位的协同创新。这种转变在府际合作网络方面的体现就是跨区域高新区管理机构之间合作与交流的不断拓展。第二,策略是倡导联盟框架的重要构成要素,科技创新发展策略的调整与优化对于国家高新区政策府际合作网络的变化同样具有重要意义。随着科技创新网络的不断发展,国家高新区之间需要不断调整和优化合作策略,以适应新的形势和需求。例如,科技成果转移转化、高技术产业协同布局等方面需要通过建立合作机制、制定合作规划、开展合作项目等方式来进行,这推动了国家高新区政策府际合作的广度与深度。第三,倡导联盟框架强调联盟的形成与稳定性,在国家高新区政策府际合作网络中,联盟的形成与稳定是保证创新合作可持续发展的关键。国家高新区之间建立长期稳定的合作关系,形成利益共同体,对于科技创新的稳定发展具有重要意义,这需要多个部门之间签订合作协议、建立合作机构。从这个角度而言,国家高新区政策府际合作网络在长时期内具有一定的稳定性和延续性。第四,倡导联盟框架十分关注政策子系统的外部影响因素,区域科技创新外部因素也深刻影响着国家高新区政策府际合作网络的构建过程。例如,全球经济形势的变化、技术创新的变革等都会对高新区创新产生影响,进而影响政策制定中各部门之间的合作情况。

3.1.3 间断均衡框架与政策府际合作网络

Baumgartner等人借鉴生物进化模式"间断平衡"的概念,在其著作《美国政治议程和不稳定性》中首次提出间断均衡(punctuated equilibrium)框架,以此来描述政策过程的变化现象。他们指出,政策过程整体呈现出一种相对稳定和渐进主义的趋势,但这种趋势也会被利益集团格局改变等急剧产生的因素而打破,体现出与以往不同的重大政策变迁(Baumgartner等,1993),这些变迁通常是非连续性的和剧烈的。间断均衡框架注重结果的呈现,对政策稳定状态和剧变状态的描述,可以为我们认识政策变迁提供一个独特的视角。间断均衡理论认为若需要解释政策过程中的稳定和变迁,就要深入分析政策议程的变迁,特别要加强对政策情境的解释。政策议程的变迁大多由于政策企业家持续不断地拓展政策想象空间,政策企业家的一系列活动会放大政策冲突,打破既有的政策平衡状态,从而实现政策变迁(李文钊,2017)。值得指出的是,间断均衡框架将政策体系视为一个相对封闭的体系,认为在政策制定中政策垄断者控制着政策议程,形成政策垄断,这种控制一旦失效,政策变迁也会更加强烈,这与倡导联盟框架中政策子系统动态的思想刚好相反。

间断均衡框架还将制度摩擦视为政策变迁中非常重要的因素。Baumgartner等(2006)在其后续研究中多次提及制度摩擦这一因素。他认为行政过程的一般特征会产生摩擦,这些一般因素比组织设计的特定细节更为重要。随着政策周期的进程加长,每个国家的制度摩擦水平都在增加,多个国家制度设计对政策过程产出变化分布的影响也证明了这一点(Baumgartner等,2009),而且在国际组织政策变迁中,国家之间的摩擦也是一大因素(Lundgren等,2017)。国内学者在研究中将制度摩擦用于分析国内政策变迁,既检验了间断均衡逻辑在我国的适用性,也拓展了一般间断假设的外部有效性(李文钊等,2019)。例如,刘开君(2016)结合我国国情,从适用条件、理论假设、变迁过程等维度修正和检验了间断平衡分析框架,在制度方面,将稳定的政治制度结构新增为修正后分析框架的适用条件。近年来,研究者们还提倡分析官僚体制利用何种机制来调节政策间断发生的可能性,Park等(2020)就认为官员的专业知识和专业素质在促进理性决策以及改革稳定性方面具有重要影响。

间断均衡框架视角下国家高新区政策府际合作网络主要表现在政策主体合作的间断性与均衡性。一方面,在国家高新区协同创新过程中,政策主体合作的间断性可能表现为政策制定和执行过程中的突然变化或中断,这可能是由于更高层级政策主体在某个领域的新要求造成的。例如,当中央政府出台新的国家高新区政策或开展新的战略部署时,可能会打破原有的政策均衡状态,引发地方政府和高新区管理机构的调整和适应。另一方面,政策制定和执行的相对稳定和平衡状态是国家高新区政策府际合作网络的表现之一。在国家高新区政策府际合作网络中,这种均衡状态可能是在中央政府、地方政府、高新区管理机构等之间经过商讨和协商后达成的。均衡状态下,各方政策意图达到相对平衡,政策执行也相对稳定。

综上所述,利用间断均衡框架可以深入分析和理解国家高新区政策府际合作网络的动态性和不平衡性。这启示我们,国家高新区各级管理机构应该通过加强府际间政策协调、关注政策调整诱因等,不断优化和完善国家高新区政策府际合作网络的结构与功能,以此促进国家高新区的持续健康发展。表3.1为主流政策解释框架中的国家高新区政策府际合作网络构建。

表3.1 主流政策解释框架中的国家高新区政策府际合作网络构建

政策解释框架	政策变迁原因	政策变迁机制	国家高新区政策府际合作网络
多源流框架	问题源流、政策源流和政治源流发生交汇	问题源流和政治源流打开政策之窗,政策企业家推出政策方案	依据党和国家科技创新的指示精神,结合全球技术创新变革,各部门联合开展政策论证与制定
倡导联盟框架	政策子系统动态变化	行动者结成倡导联盟,采用支持策略影响政策	重视创新联盟的构建与运行,以协同创新的理念优化创新子系统,形成政府与各主体之间的协作网络
间断均衡框架	利益集团格局等因素剧变	政策企业家放大政策冲突,打破政策平衡状态	在规避重大风险冲击的前提下,深度响应上级政府要求或及时回应突变环境,实现府际合作网络稳中求进

3.2 国家高新区科技创新政策范围与分布

进行国家高新区政策府际合作网络分析,首先要界定科技创新政策。从驱动科技创新的视角出发,可认为科技创新政策是政府为了实现国家战略目标,正在或将要实施的促进科学技术知识生产、传播和应用的各类公共政策,是政府为了推动技术创新的各种政策的综合(Lundvall等,2006)。从科技创新效益转化的角度来看,科技创新政策是推动产业技术发展,进而推动产业增长的政策,是科技与产业互促的协调政策(Schot,2014)。科技创新政策不仅仅限定于研发政策,而更应与产业政策相结合,是产业政策、经济政策及科技成果商业化政策的综合,是从初始发明到改进创新,再到应用扩散的整个创新链条的鼓励性政策(李建军,2019)。综上,可认为科技创新政策实质上是以推动特定区域技术发展和产业增长为目的的,在内容上呈现为针对科技创新活动全环节、全过程的政策措施,在形式上表现为完整完备、关联交叉的政策体系。

根据以上关于科技创新政策的定义,进行国家高新区科技创新政策搜索。考虑到国家高新区是由中央及科技部统筹管理(2023年后由工业和信息化部管理)、地方主导建设的基本情况,所搜集的科技创新政策资料应包括中央政府及各部委、省级政府及其职能部门、地市级政府及其职能部门等政府机构发布的政策。由于各个高新区管理机构(管委会)出台的政策过细,带有明显的个体化差异,又由于高新区管理机构(管委会)信息公开的不充分,导致该层级政策的获取难度极大,不将此层级政策纳入分析范畴。科技创新政策资料全部来源于公开的数据资料,主要包括三种搜集渠道:第一,北大法宝、北大法意、法律图书馆等法律法规专业网站,通过关键字、标题名等搜索高新区的政策资料,剔除一般事项的批复等非政策文件;第二,中央政府及各部委、省市级政府及职能部门、各高新区等官方网站,政府官网文件大多是现行有效文件,失效文件可通过政府网站公布的文件清理通知进行剔除;第三,关联检索,专业网站和政府网站中仍可能未检索出某些政策,依据现有文本中的关联条款进行回溯搜索。

通过以上三种渠道检索出较多的政策文本,为保证研究内容的准确性,必须对政策文本进行筛选,进行政策筛选的主要原则包括:一是精准确定发文对象,选取针对国家高新区单独成文的政策,而针对开发区、工业园区的普遍性文件不纳入分析范畴;二是精准确定发文主题,选取国家高新区科技创新的政策文件,与高新区创新不直接相关或泛泛提及高新区的政策文件不予采用,例如高新区市级行政权力承接、一般管理体制改革,或高新技术产业发展政策、创新型国家(或城市)等政策不纳入分析范畴;三是精准确定发文类型,国家高新区科技创新政策主要为规划、办法、意见、细则等,对批复、复函等非正式文件不予采用。由于近年出台的部分政策还未公开,确定1988年至2019年期间的共253份政策资料进入分析范围。

从政策文件的发布机构及效力级别看(表3.2),由党中央、国务院发文的为2份。其中,一份是国务院发布的行政法规,是1991年国家高新区成立之初,中央政府为推动高新区发展、规范高新区建设而发布的具有法律效力的文件,主要涉及高新技术企业税收优惠、技术产品出口等方面;另一份是由中共中央、国务院在1999年联合发布的关于推动高新区建设形成高新技术产业化基地,实现高新技术产业化的规范性文件。这些由党中央、国务院发布的高新区文件是高新区建设的纲领性文件,统领国家高新区创新的基本方向。由国务院各部委及直属机构作为发布机构的发文数量为44份,其中部门规章为7份,科技部(包括原科委)参与制定了其中5份;部门规范性文件、部门工作文件的数量分别为20份、17份,科技部、财政部、教育部、国家发改委、国家税务总局等部委均出台了相关文件,对全国范围内的高新区创新发展方向、知识产权、税收优惠做出规定。在地方层面,由省市级政府及职能部门发布的文件数量达到了207份,超过了文件总量的80%,可见地方政府是建设国家高新区的政策主体。

表3.2 国家高新区科技创新政策的发文机构及效力级别分布

序号	发文机构	效力级别	政策文件数量/份
1	党中央、国务院	行政法规	1
		国务院规范性文件	1
2	国务院各部委及直属机构	部门规章	7
		部门规范性文件	20
		部门工作文件	17
3	省市级政府及职能部门	地方政府规章	34
		地方规范性文件	88
		地方工作文件	85

由于数据差异较大,为清晰展示政策文件发布的时间分布(图3.1),政策的年度数量位于左侧主轴,政策的历年累计数量位于右侧次轴。政策文件的出台高峰在1991年、1992年,这两年发布的政策文件数量分别达到29份、9份,这是对当时国务院密集批准52家国家高新区成立的政策回应。此后,高新区科技创新政策文件数量的增长相对平稳缓慢,直到2008年国家高新区科技创新政策又基本恢复到每年发布超过9份的增长态势,快速增长一方面是由于国家高新区

的批准成立又进入高峰,国家高新区数量增长直接带来地方政策文件数量的增长,另一方面也是科教兴国、创新型国家建设、创新驱动发展等国家创新战略对国家高新区创新发展的政策需要。

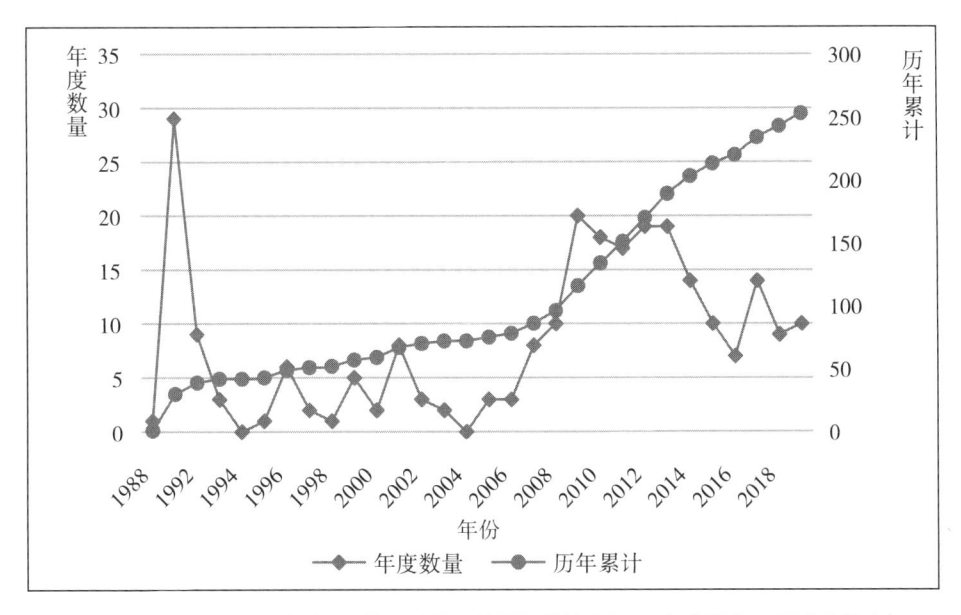

图3.1 国家高新区科技创新政策文件数量的增长趋势图(1990年数量为0,图中未绘上)

3.3 科技创新政策府际合作网络分析方法

府际关系是行政体制改革和机构改革的重要课题,我国政府层级多、职能部门多样,府际间产生的互动、摩擦较为频繁。当一项工作需要多层级政府、多部门参与时,针对该领域的合作磋商和资源竞争更为激烈。府际关系被越来越多的学者所关注,他们以府际关系为切入点来考察某一领域的具体治理问题,诸如城乡建设(陈修颖等,2014)、科技创新(黄萃等,2015)、环境治理(马捷等,2019)等均是府际关系研究的典型领域。从本质上讲,府际关系研究即在公共事务治理过程中,不同机构部门之间就相关问题所产生的互动和博弈,并直接体现为政策的形成。通过政策文本所体现出的府际关系来考察在国家高新区科技创新中政府之间的合作情况。

我国府际关系研究的三种范畴,包括中央与地方的纵向关系、职能部门之间的横向关系、涵盖社会主体的多元关系(徐宛笑,2015)。不同范畴的研究焦点不同,应根据研究领域的需要选择合适的研究范畴。在国家高新区科技创新领域,虽然创新活动基本来源于市场主体,但管理主体却主要是政府部门。因此,可以将府际关系的研究范畴限定在政府部门间。此外,随着治理情境的变化与需要,政府机构间的合作关系愈加紧密与复杂,府际间合作关系有网络化趋势。当前治理更偏向网络化,网络是社会治理机制的组织模式,也是考察府际间关系的特定视角。所谓府际网络关系,既包括上述提到的纵横向关系,也包括不存在直接管辖和隶属关系的地方政府与部门间的关系,并在整体上表现出纵横交叉、斜错交织的构型。以府际网络关系的视角考察国家高新区科技创新的治理机构合作情况更能挖掘出国家高新区科技创新的治理主体特征。

府际网络关系研究的基础是社会网络分析,并主要表现出两种研究内涵,一是特定机构所处的位置及其社会联系,二是整个网络所呈现出的结构以及网络中所有机构的联系紧密度和权力配置。将这些要素进行逻辑整合,使其形象体现为特定的结构模式是府际网络关系的主要研究范式。按照网络中机构的权力配置属性,治理机构网络关系可分为共享型网络、领导型网络和行政型网络三种类型(Provan等,2008)。以此为基础,按照成员的合作特质,可演化出联席类、牵头类和支持类三种组织合作结构(锁利铭等,2019)。此外,按照群体晶格中"领军人物"的多寡,还将网络关系划分为两种形态:单晶核辐射型与多晶核均衡型(高杰等,2018)。这些从不同角度凝练归纳的合作网络形态,形象展示了府际间的合作关系特征。

而在社会网络关系构型中,利用合作网络密度和中心势来刻画网络形态,也是较为常用的方法(康伟等,2014)。其中,网络密度是合作网络中实际存在的合作关系数量与理论上可能存在的最大合作关系数量的比例,衡量的是合作关系在整体网络中的分布密度,可以反映出合作网络中府际之间联系的紧密程度;网络中心势是合作网络中向某个行动者集中的趋势,衡量的是合作关系中行动者在整体网络中的影响力,可以反映出在合作网络中府际之间权力的对比情况。按照网络密度和网络中心势的高低,可以构造出四种合作网络构型(魏娜等,2019):协调型网络、分散—耦合型网络、中心—边缘型网络与松散型网络,以此来描述高新区科技创新中的府际合作网络关系形态特征(表3.3)。

表3.3 社会网络关系下的府际合作网络构型

		网络中心势	
		高	低
网络密度	高	协调型网络	分散—耦合型网络
	低	中心—边缘型网络	松散型网络

社会网络分析方法是在数学算法、图论等基础上集合演化而成的定量分析方法,其分析工具也较多,包括Ucinet、Pajek、Gephi等。其中Ucinet是常用的社会网络分析软件,适用于静态数据处理,由于其综合性与兼容性强、运算功能强大等特点,更加适用于解决多重关系的复杂问题(邓君等,2014)。首先通过Excel编制不同合作主体间的关系矩阵,导入Ucinet后计算网络密度与网络中心势,以此来反映整个网络的形态特征。

3.4 国家高新区科技创新政策的府际合作网络演变

国家创新战略的推进对高新区创新方向具有关键性影响,换言之,国家高新区创新发展也是为响应国家创新战略而进行的针对性安排。因此,国家高新区科技创新政策的变化受到国家创新战略演变的直接影响。国家创新战略可划分为四个主要阶段:一是科学技术生产力至上阶段,以1988年邓小平提出科学技术是第一生产力的论断为标志;二是科教兴国发展战略阶段,以1996年八届全国人大四次会议将科教兴国作为基本国策为标志;三是创新型国家建设战略阶段,以国务院于2006年出台《国家中长期科学和技术发展规划纲要(2006—2020年)》并提出建设创新型国家为标志;四是创新驱动发展战略阶段,以2012年底召开的党的十八大提出创新驱动发展战略为标志。然后结合以上四次国家创新战略推进的标志性时间节点,将国家高新区科技创新政策演变划分为1988—1995年、1996—2005年、2006—2012年、2013—2019年四个阶段,并提取相应时间区间内的政策发文机构,构建发文机构的合作网络关系矩阵,利用Ucinet计算府际合作网络的密度与中心势来揭示国家高新区府际合作网络演变的动态特征。

在正式分析之前,对提取的政策发布机构进行预处理。一是结合国家历次机构改革的情况,将原机构名称变更为现今存在的机构名称,如将国家科学技术委员会变更为科技部,但已完全撤销的部门不做变更处理,如国家经济体制改革委员会不做变更。二是将全国高新区创新视为一个整体系统,对地方发文机构名称隐去其地方名称,只保留行政级别或职能名称。三是修改同类型同级别机构名称,将直辖市、自治区政府机构名称修改为省级政府机构名称,如将广西壮族自治区人民政府、重庆市人民政府均修改为省政府。四是按照精简明了原则,简化各政府机构名称,如将科学技术部、国家发展和改革委员会分别简化为科技部、国家发展改革委。

3.4.1 科学技术生产力至上阶段的政策合作网络

这一阶段的具体时间为1988—1995年,共有43份关于国家高新区科技创新的相关政策文件,其中单独发文的有40份,联合发文的有3份。43份政策文件分别由国务院、国家科技委员会(已变更为科技部)、国家经济体制改革委员会(已撤销)、国家税务总局、海关总署、地方省市人民政府联合或单独发布。

联合发文的3份政策文件均由国家体改委与国家科委联合发布,这表明在20世纪90年代初我国明确提出建立社会主义市场经济体制初期,国家高新区作为经济体制改革的试验田,不仅得到国家科委科技创新的支持,更有国家体改委体制改革的保障。例如两大政府部门在1991年联合发布了《关于深化高新技术产业开发区改革,推进高新技术产业发展的决定》,指出要通过建立适应高新技术产业发展要求和国际惯例的体制、机制和环境条件,以最大限度地解放科技生产力。单独发文较多的机构是省政府(18份)与市政府(16份),这表明在中央政府与部委指导下,地方政府作为国家高新区的治理主体地位通过政策制定得以展现。此外,还需关注的是国家税务总局也单独制定了3份文件,均涉及国家高新区内高新技术产品的税收优惠问题。

虽然这一时期的政策数量占政策总量的比例超过了15%,但是由于联合发文所占的比例仅占同时期政策数量的6.98%,仅在2家政府部门间形成了6对府际间的合作关系,有5家政府部门未参与到合作网络中,因此,这一时期高新区科技创新政策的府际合作网络尚未完全形成。该网络雏形的网络密度仅为0.1429,说明政府间的合作程度比较松散,网络中心势为0.1667,表明没有形成绝对的网络核心节点。从网络密度和网络中心势的双重指标来看,该合作网络应属于相对松散型网络。但通过个体的网络中心度来看,国家体改委与国家科委的网络中心度(两者均为3)明显高于其他政府机构(其他为0),而且3份联合发文文件均出自此二部门,形成实际上的合作网络核心节点。因此,在综合考量发文机构合作情况、网络图谱的情况下,该时期的府际合作网络构型可修正为中心—边缘型网络。

3.4.2 科教兴国发展战略阶段的政策合作网络

这一阶段的具体时间为1996—2005年,国家高新区地市级政府及职能部门以上级别部门发文数量为32份,十年间的政策数量并未出现明显增长,反而在总量上低于此前8年间的政策数量。虽然科教兴国战略已提出并深入实施,但对国家高新区政策总量的刺激效应并未显现。这可能一方面是由于前期已成立高新区的各地方政府已出台相关政策,另一方面是由于这一时期新批准设立的高新区数量偏少未能产生新的政策需求。然而,在这32份政策文件中,参与制定的政府部门数量达到了21家,明显多于上一时期的7家,政府部门的类型也更加多元,国家建设部门、外贸部门,以及地方科技部门、工商部门等都参与到了高新区的政策制定中。

政府部门联合发文的政策数量为6份,占比为18.75%,明显超过了上一时期的6.98%。其中单个文件联合发文部门数最多的达到了6家,是由市工商局、市科技局、市知识产权局、市广电局、高新区管委会、经开区管委会联合发布的知识产权文件,联合发布机构出现了新特征,即发布机构不局限于政府及其职能部门,地方政府派出的管理机构高新区管委会也参与到了政策制定中。多部门共同对知识产权工作进行规范与支持,能够从多角度、多方向保障知识产权生成与转化。未参与到合作网络的政府部门主要为地方人民政府及其办公厅,具体包括省政府、省政府办公厅、省人社厅、市政府办公厅。

这一时期的联合发文数量及占比较上一时期明显增加,网络节点数也由2个增加为17个,合作关系数达到了50对,其中市工商局、市科技局、市知识产权局、市广电局、高新区管委会、经开区管委会的合作关系数均为5对,省科技厅、省国土资源厅、省改革开放办公室、省建设厅的合作关系数均为3对,有4个部门未参与到合作网络中。虽然联合发文数量、合作关系数量较多,但由于这一时期参与科技创新政策制定的部门较多,理论上存在的最大合作关系数量较大,导致实际的网络密度反而较上一时期降低,仅为0.1190,表明政府部门间的合作关系非常松散。

为清晰地展示发文部门的中心度,通过Ucinet计算,得出该阶段绝对中心度排名前10位的发文机构(表3.4)。绝对中心度排名最高的部门是市工商局、市科技局、市知识产权局、市广电局、高新区与经开区管委会,共拥有30条关系,相对中心度均为25.00%,所占比例均为0.10。绝对中心度排名其次的是省科技厅、省国土资源厅、省建设厅与省改革开放办公室,共拥有12条合作关系,相对中心度均为15.00%,所占比例均为0.06。从整个网络的集中趋势来看,该合作网络的网络中心势为0.1447,同样低于上一时期,网络中并没有形成绝对的核心节点。因此,依据网络密度与网络中心势的指标,可认定该阶段府际合作网络构型为松散型网络。

表3.4 1996—2005年发文部门中心性分析

发文部门	绝对中心度	相对中心度	所占比例
市科技局	5.00	25.00%	0.10
市知识产权局	5.00	25.00%	0.10
市工商局	5.00	25.00%	0.10
市广电局	5.00	25.00%	0.10
高新区管委会	5.00	25.00%	0.10
经开区管委会	5.00	25.00%	0.10
省科技厅	3.00	15.00%	0.06
省国土资源厅	3.00	15.00%	0.06
省建设厅	3.00	15.00%	0.06
省改革开放办公室	3.00	15.00%	0.06

3.4.3 创新型国家建设战略阶段的政策合作网络

随着国家高新区新批准设立数量的增多，以及创新型国家战略的实施，国家高新区科技创新政策数量激增。这一阶段的具体时间为2006—2012年，地市级政府及职能部门以上级别部门发文数量达到了95份，超过了此前两个阶段政策数量的总和。政策文件的制定主体也更加多样，相较于前两个阶段，人社部、教育部、省级发展改革委、省级经信委等新主体参与到府际合作网络中，政策主体类型达到了47类。从整体上看，无论是政策总量，还是政策制定部门均有明显增加。

政府部门联合发文的政策数量为27份，占比为28.42%，超过了上一时期的18.75%；联合发文的主体达到了40类，占总体类型的比例超过了85%。表明这一时期国家高新区的治理机构越来越多元，部门间联合治理科技创新的合作行为也越来越多。值得一提的是，一份关于中关村建设人才特区若干意见的文件，其联合发文机构数竟达到17家之多，这一文件由中共中央组织部、国家发改委、教育部、科技部、工信部、北京市委、北京市政府等17家政府部门联合制定，并由北京市政府发文。此外,该时期单独发文的政策文件数量为68份,其中由未参与到合作网络中的发文主体单独发布的政策数量为10份,具体包括省政府办公厅3份、省人社厅1份、市政府办公厅3份、市科技局1份、市物价局1份、市工商局1份。

这一时期联合发文数量以及联合发文部门明显增加,网络节点数达到了40个,合作关系数达到了564对,为上一时期的10倍多。但有7个部门未参与到合作网络中。由于该阶段联合发文数量、合作关系数量较多,府际合作关系网络的密度较之前大幅增加,达到了0.2609,表明政府部门间的合作关系已经趋于紧密。

通过Ucinet计算,得出该阶段绝对中心度排名前10位的发文机构(表3.5)。绝对中心度排名最高的部门是科技部、省科技厅、高新区管委会,共拥有90条合作关系,三者的相对中心度均为10.87%,所占比例均为0.053。绝对中心度排名其次的是财政部与国家税务总局,共拥有58条合作关系,相对中心度均为10.51%,所占比例均为0.051。从整个网络的集中趋势来看,该合作网络的网络中心势为0.0681,较之前两阶段明显下降,网络中并没有形成明显的核心节点。按照之前对府际合作网络的构型划分,可认定该阶段的府际合作网络构型为分散—耦合型网络。

表3.5 2006—2012年发文部门中心性分析

发文部门	绝对中心度	相对中心度	所占比例
科技部	30.00	10.87%	0.053
省科技厅	30.00	10.87%	0.053
高新区管委会	30.00	10.87%	0.053
财政部	29.00	10.51%	0.051
国家税务总局	29.00	10.51%	0.051
省政府	28.00	10.15%	0.050
国家发展改革委	28.00	10.15%	0.050
省财政厅	26.00	9.42%	0.046

续表

发文部门	绝对中心度	相对中心度	所占比例
国家外汇管理局	25.00	9.06%	0.044
证监会	25.00	9.06%	0.044

3.4.4 创新驱动发展战略阶段的政策合作网络

这一阶段从2013年开始,地市级政府及职能部门以上级别部门发文数量为83份,政策制定部门仍然保持了比较高的政策产出。政策制定主体的部门类型达到35类,并出现两个主要变化:一是联合部门出现了中国科协这类非政府组织,非政府组织与政府部门一同出台政策推动高新区创新成为新的现象;二是中央政府及部委下设的办事机构作为联合发文主体的类型增多,包括国务院国资委、教育部科技司、科技部火炬中心发文的数量开始增多。这两个变化表明,国家高新区科技创新政策的制定主体开始下移,高新区创新发展的主导权开始向更广泛的主体拓展。

在总共83份文件中,由政府部门联合发文的政策数量为20份,占比为24.1%,占比略低于上一阶段;联合发文的主体达到了30类,占总体类型的比例超过了85.71%,略高于上一阶段。表明这一时期国家高新区的治理机构仍然较为多元,部门间联合治理科技创新的合作行为也较多。通过观察各个文件的联合发文机构,发现财政部联合国家税务总局共同发文的数量为5份,省财政厅联合省国家税务局共同发文的数量为3份,可见财政与税务部门联合制定政策的现象较多。此外,该时期单独发文的政策文件数量为63份,其中由未参与到合作网络中的发文主体单独发布的政策数量达到了44份,具体包括科技部火炬中心1份、省政府办公厅6份、市政府20份、市政府办公厅1份、市政府办公室16份。

在府际合作网络中,这一时期的网络节点数为30个,有5类部门未融入到合作网络中。合作网络中的合作关系数为296对,相较于前一阶段减少了近300对。合作关系数减少的直接原因是联合发文的数量减少,以及单一文件中联合发文的部门数量减少。但由于合作部门类型数量减少,导致理论上存在最大合作数量也相应减少,因此,整个府际合作关系网络的密度并未出现明显降低,仍然达到了0.2478,政府部门间的合作关系仍然保持相对紧密状态。

表3.6列明了该阶段绝对中心度排名前10位的发文机构。绝对中心度排名最高的部门是高新区管委会,尤以中关村管委会为代表,其绝对中心度达到了23,相对中心度为13.53%,所占比例为0.078。在合作网络中处于相对核心位置的还包括科技部、财政部,两者的绝对中心度分别为21与18,相对中心度分别为12.35%与10.59%,所占比例分别为0.071、0.061。由于合作网络中存在多个中心度相近的节点,整个网络的集中趋势很不明显,网络中心势为0.0907,网络中并没有形成绝对的核心节点。综合该网络的密度与中心势,可以判断其网络构型为分散—耦合型网络。

表3.6 2013—2019年发文部门中心性分析

发文部门	绝对中心度	相对中心度	所占比例
高新区管委会	23.00	13.53%	0.078
科技部	21.00	12.35%	0.071
财政部	18.00	10.59%	0.061
中共省委	17.00	10.00%	0.057
中共中央组织部	17.00	10.00%	0.057
公安部	17.00	10.00%	0.057
省政府	17.00	10.00%	0.057
人社部	17.00	10.00%	0.057
省财政厅	16.00	9.41%	0.054
省科技厅	13.00	7.64%	0.044

3.5 府际合作网络演变中的国家高新区组织支持体系

国家高新区建设发展的30多年间,科技创新政策一直是各级部门聚焦高新区建设的重点。科技创新政策中府际合作网络的节点数与合作关系数呈现先增长后下降的趋势(图3.2),网络密度总体呈现上升态势,而网络中心势总体呈现下降趋势(图3.3)。科技创新政策所体现出的府际合作网络形态特征经历了中心—边缘型网络向松散型网络,再向分散—耦合型网络的演进路径,但远未达到协调型网络的状态。

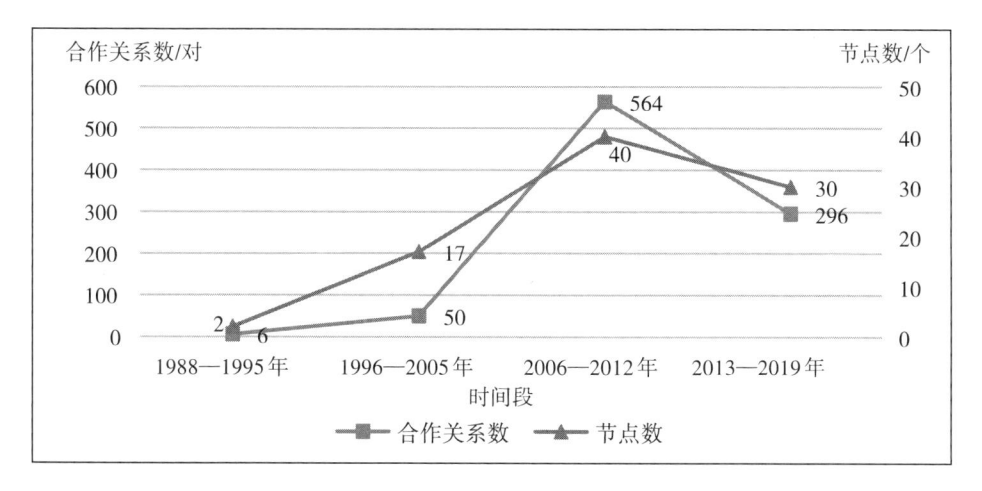

图3.2 1988—2019年国家高新区府际合作网络的节点数与合作关系数

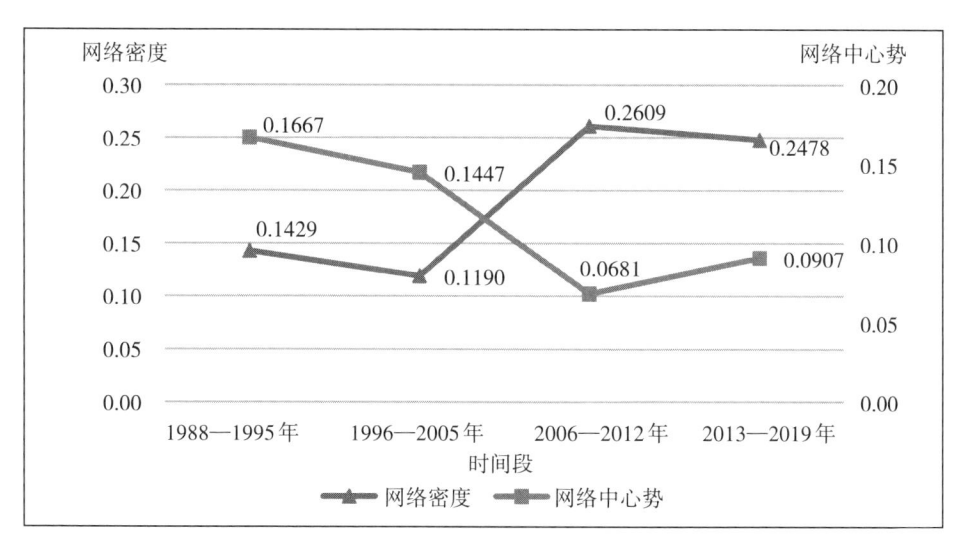

图3.3 1988—2019年国家高新区府际合作网络的网络密度与网络中心势

从科技创新政策发文部门及其合作网络变化中可以看出我国国家高新区管理部门组织体系的变化,目前基本形成了中央政府规范、专业部委指导、地方政府主导的网格状组织支持体系。国家高新区建立之初,最早由国务院在1991年出台行政法规对国家高新区建设进行了若干方面的政策规定,包括高新技术产品生产的进出口货物关税优惠、高技术企业生产经营与税款返还、高学历人才集聚便利条件设定等方面。国家层面支持高新区建设的部门主要为国家科委、国家体改委与国家税务总局,地方层面支持国家高新区建设的部门主要是省级政府与副省级城市政府。因此,此时国家高新区建设的支持部门级别相对较高,组织支持体系也相对简单,整体上呈现纵向单一的体系特征。

这种相对简单的组织支持体系一直保持了十年左右,直到2000年以后,才有更多的部门参与到国家高新区创新发展中。人力资源和社会保障、工商管理、知识产权等创新细分管理领域的部门逐步进入到国家高新区组织支持体系中。此外,国土资源部门、发改部门、建设部门等也逐步参与到国家高新区科技创新政策的制定中,对国家高新区创新发展提供各种外围性服务保障。除了部门类型的增多,管理部门重心下移也是明显的变化,省市政府的职能部门开始大量参与政策制定,这些职能部门在上级政府与部委专业部门的共同管理下,为国家高新区提供政策支持。因此,国家高新区的组织支持体系开始向纵横两个方向进行拓展,显示出矩阵式的体系特征。

随着国家高新区创新发展的提速与转型需要,矩阵式的组织体系开始发生变化。主要变化是从2010年左右开始,国家高新区管委会不再作为单一的发文机构,而是联合上级部门共同制定政策,并以上级政府部门名义发布政策,以提高政策效力。其中尤以中关村科技园区为典型,其利用所处国家行政中心的优势,联合国家多个部委、直辖市政府及职能部门共同发布政策,为其科技创新提供了大量的政策资源。这一变化打破了传统政府部门管理高新区的模式,政府派出机构作为发展主体参与到合作网络中,使国家高新区的组织支持体系向网格化方向发展。

虽然国家高新区创新的府际合作网络经历了各种变化,且并未达到协调型形态。但从1988年到2019年的府际合作网络中仍然可以看出,在整个组织支持体系中,一些部门自始至终扮演着关键角色。首先是地方政府,国家高新区虽然由国家统一布局、指导,但毕竟分布在各个省份与地级市内,而国家高新区创新能够直接驱动地方经济发展,所以各地方政府均对国家高新区的创新与转型方向进行政策指引。其次是科技部门,从科技部到省科技厅再到市科技局,均对国家高新区创新的资源集聚、平台建设等方面进行了政策说明。还有财税部门,包括财政部、地方财政厅、国家税务局、地方税务局等也参与了国家高新区科技创新政策的制定,这些部门对国家高新区内的高新技术企业和高新技术产品做了优惠规定。因此,在国家高新区网格状的组织支持体系中,存在着地方政府、科技部门与财税部门等主要骨干部门,这些部门是整个组织支持体系的骨架,连接着其他部门共同支持国家高新区创新。

4 国家高新区创新效率测算及时空分异特征

创新效率是衡量创新投入与产出效果的重要测度指标,创新活动中提升资源利用与成果转化水平,即以相对较少的投入带来相当的产出,或以相同的投入带来较多的产出。国家高新区创新在相当程度上代表着国内创新发展的水平,其创新效率的高低是观测我国整体创新水平的重要窗口。而在国家高新区发展中,其创新效率既有时间变化的差异,也有区域层次上的差异。本章正是通过测度国家高新区创新效率,来展示这种差异现象。

4.1 测算模型与指标数据

4.1.1 测算模型

在效率测算中,DEA(数据包络分析)模型的优势较为突出,其既不需要设定具体的函数形式,也不需要对权重进行事先设定,以DEA测算高新区创新效率既简便又科学。但传统DEA模型无法考虑外部环境因素对创新效率的影响,结果并不准确。Fried等(2002)基于传统DEA模型来优化决策单元(DMU)效率评价模型,在模型中加入了环境因素及其他随机因素,并通过松弛变量中包含的信息对投入(或产出)变量进行调整,形成二阶段DEA模型。由于调整后的投入

(或产出)变量是去除了外部环境因素之后的真实度量,以此来重新计算的DMU技术效率值更加准确。三阶段DEA模型测算的创新效率是静态值,还无法体现效率的动态变化。Malmquist指数可以测算不同时间段创新效率的增长或降低状态,是创新效率变化的动态值。因此,为综合反映高新区创新效率情况,以三阶段DEA模型和Malmquist指数共同测算高新区创新效率,并分析其变化及原因。此外,通过变异系数来观察高新区创新效率之间的相对均衡程度。

(1)三阶段DEA模型

第一阶段:传统DEA模型分析DUM初始效率。该阶段选择投入导向的BCC(规模报酬可变)模型,以原始投入产出数据进行初始效率的计算。DEA模型本质上是一个线性规划问题,当计算的标量等于1时,表示该DMU是技术有效的且处于技术前沿面上,标量越小,对应DMU的技术效率越低。BCC模型计算出来的效率值为综合技术效率(TE),可以进一步分解为纯技术效率(PTE)和规模效率(SE)。

$$TE = PTE \times SE \tag{4.1}$$

其中,投入导向下的综合技术效率TE表示投入不变情况下实现产出的最大能力;纯技术效率PTE表示纯粹由管理和技术(剔除规模因素)影响的效率;规模效率SE表示生产规模经济性的发挥程度。

第二阶段:SFA回归剔除环境因素和统计噪声。传统DEA模型无法区分环境因素、统计噪声、管理无效率等三个因素对真实投入产出效率的影响,若将所有影响仅归结为管理无效率的影响,计算的效率结果并不准确。为此,需要利用SFA方法剔除环境因素和统计噪声,分离出仅由管理无效率影响的投入松弛变量,以投入松弛变量为因变量,环境变量为自变量,构建如下SFA模型:

$$s_{ik} = f^n(z_k; \delta^i) + v_{ik} + u_{ik} \quad i = 1, 2, \cdots, m; \ k = 1, 2, \cdots, n \tag{4.2}$$

其中s_{ik}是第k个高新区第i个投入的松弛变量,z_k是第p环境变量$z_{1k}, z_{2k}, \cdots, z_{pk}$,$\delta^i$是环境变量的参数,需要通过回归方程估计得出;$f^n(z_k; \delta^i)$表示环境变量对投入松弛变量的影响,可设$f^n(z_k; \delta^i) = \delta^i z_k$。$v_{ik} + u_{ik} = e_{ik}$是复合误差项,其中当

$u_{ik} \geq 0$ 时,表示管理无效率;v_{ik} 是随机干扰项,反映统计噪声,假设 v_{ik} 服从截断正态分布,即 $v_{ik} \sim N(0, \sigma_{ik}^2)$;$v_{ik}$ 和 u_{ik} 相互对立且不相关。

调整投入变量前,需进一步分析混合误差项,并将统计噪声从管理无效率中分离出来。u_{ik} 的估计值可通过公式(4.3)求得。其中 e_i 是误差,φ 和 ϕ 分别是标准正态分布的密度函数和分布函数。

$$\hat{E}(u_{ik}|v_{ik}+u_{ik}) = \frac{\gamma\sigma}{1+\gamma^2}\left(\frac{\varphi(\gamma e_i)}{\phi(\gamma e_i)} + \gamma e_i\right) \tag{4.3}$$

然后进行最大似然估计,估计得到 γ、σ、δ^i 和 e_i,进而估计求得 u_{ik},并利用公式(4.4)求得 v_{ik} 的估计值。

$$\hat{E}(v_{ik}|v_{ik}+u_{ik}) = s_{ik} - \hat{E}(u_{ik}|v_{ik}+u_{ik}) \tag{4.4}$$

根据SFA模型的估计结果,利用公式(4.5)对各个高新区的投入变量进行最终调整。其中,x_{ik} 是调整前的投入变量,$\bar{x}_{ik}$ 是调整后的投入变量。

$$\bar{x}_{ik} = x_{ik} + \left[\max\{\delta^i z_k\} - \delta^i z_k\right] + \left[\max_i\{\hat{v}_{ik}\} - \hat{v}_{ik}\right] \tag{4.5}$$

式(4.5)等号右边第一个中括号内的 $\max\{\delta^i z_k\}$ 是指投入松弛变量最大(最无效率)的高新区,以此为标准进行调整,确保所有高新区处于相同最恶劣的环境中;式(4.5)等号右边第二个中括号内的投入量调整,使得各高新区均处于最大的随机干扰中。经过两次调整,可以排除环境因素、随机干扰对投入产出的影响,使得高新区处于相同的外部环境,受到同等的随机冲击。

第三阶段:调整后的DEA模型。将第二阶段中计算得到的调整后投入变量 $\bar{x}_{ik}$ 替代原始投入变量 x_{ik},利用BCC(规模报酬可变)模型,重新计算高新区的投入产出效率。此时的效率值,排除了环境因素与统计噪声的影响,更能真实有效地反映我国高新区的投入产出效率。

(2)Malmquist指数

Malmquist(1953)在分析消费变化时,建立了关于效率的指数模型。Caves等(1982)将该指数当作生产率指数使用,该指数被广泛使用并被定义为Malmquist指数。该指数不需要价格信息,并且可以对全要素生产率(TFP)进行分解。全要素生产率变动(Tfpch)包括技术效率变化(Effch)和技术进步变化(Tech)两部分,前者反映资源有效利用情况,后者表示效率前沿面的变动。从t到$t+1$时期的Malmquist指数公式如下:

$$\text{Tfpch} = M\left(x_k^{t+1}, y_k^{t+1}, x_k^t, y_k^t\right) = \sqrt{\frac{D_k^t(x^{t+1}, y^{t+1})}{D_k^t(x^t, y^t)} \frac{D_k^{t+1}(x^{t+1}, y^{t+1})}{D_k^{t+1}(x^t, y^t)}}$$

$$= \frac{D_k^{t+1}(x^{t+1}, y^{t+1})}{D_k^t(x^t, y^t)} \times \sqrt{\frac{D_k^t(x^{t+1}, y^{t+1})}{D_k^{t+1}(x^{t+1}, y^{t+1})} \frac{D_k^t(x^t, y^t)}{D_k^{t+1}(x^t, y^t)}}$$

$$= \text{Effch} \times \text{Techch} \tag{4.6}$$

式(4.6)中(x^t, y^t)和(x^{t+1}, y^{t+1})分别表示t和$t+1$时期的投入产出向量,D_k^t和D_k^{t+1}表示$t+1$时期相对于t期的距离函数。Tfpch表示t到$t+1$时期高新区全要素生产率的变化情况,当Tfpch大于1时表示生产率上升,小于1时表示下降;Effch表示技术效率改善情况,Effch大于1时表示技术效率上升,小于1时表示下降;Tech表示技术进步情况,Tech大于1时表示技术进步,小于1时表示技术退步。

(3)变异系数

变异系数(coefficient of variation,CV)又可称作离散系数或标准差率,是标准差和平均数的比值。可以用来计算变量的离散程度,以反映观测单元之间的相对均衡程度。计算公式为:

$$\text{CV} = \sqrt{\frac{\sum_{k}^{N}(x_k - \bar{x})^2}{N}} / \bar{x} \tag{4.7}$$

式(4.7)中,CV为创新效率的变异系数,x_k为单个高新区的创新效率,$\bar{x}$为高新区创新效率的均值,N为高新区总的数量。CV越大,说明高新区间创新效率的差异越大;反之,差异越小。按照变异系数的取值范围,当变异系数小于0.15时为弱变异,0.15~0.35为中等变异,大于0.35时为高度变异。

4.1.2 指标数据

高新区创新效率是多投入多产出的结果。投入指标多从创新资源要素的角度来选择,产出指标则从创新成果或经济效益角度进行选择。关于具体指标的选择,学界并未达成一致。由于数据获取难度较大,有些研究将某些指标用高新区所在城市的数据代替高新区指标数据,这难免不够精准。以高新区为统计对象的指标数据才能够精准反映其投入产出效率。因此,考虑到投入产出的指标类型及数据可得性,主要从以下方面选择投入产出指标。

投入指标主要包括人才与资金资源。人才资源是创新发展的重要生产要素,高效率的人才资源投入能够有效促进创新产出,故以科技活动人员数作为人才资源指标;充足的资金投入,能够为创新发展带来各种资源,特别是技术研发资金投入能够直接提升高新区科技创新成果,以R&D经费内部支出作为资金资源指标(余珮等,2016)。产出指标主要包括技术产出与经济产出。高新区企业以创新成果的持续产出为首要任务,技术收入能够有效表示技术产出能力,以技术收入作为技术产出的重要指标(宇文晶等,2015);高新区进行科技成果转化,经过试验、开发、应用、推广等一系列步骤,直至形成高附加值的新产品、新工艺、新材料,实现经济价值。以净利润指标衡量科技成果转化水平(杨清可等,2014),并用上缴税费、出口创汇指标测度其对所在地区经济发展的影响力(陈洪转等,2013)。

环境指标应选择那些相对不受高新区控制,但又对高新区创新产生重要影响的指标。由于高新区受所在城市创新环境影响较大,其环境指标可从高新区所在城市的相关指标中进行选择。具体可从经济实力、开放水平、科技支持、人才环境等方面选取环境指标。以人均GDP指标来表示城市经济实力,以实际使用外资金额占GDP比重来反映城市开放水平,以政府科技支出占财政支出比重反映城市科技支持力度,以高等学校在校生占常住人口比重来反映人才环境。

考虑到不同阶段成立的高新区其本身就具有差异,而且现有研究已表明高新区成立时间不同,技术创新活力明显不同(王飞航等,2019)。为了规避成立时间先后造成的明显效率差异,有必要统一时间尺度,因此,本章只选取1992年前最早成立的52家高新区进行研究。高新区投入产出数据来源于《中国火炬统计年鉴》《中国科技统计年鉴》,城市环境数据主要来源于

《中国城市统计年鉴》，部分数据来源于地方统计年鉴、统计公报等统计资料。为消除各类数据的量纲影响，在将数据代入模型测算时，均进行了标准化处理。表4.1为变量描述性统计。

表4.1 变量描述性统计

指标类型	变量名称	均值	标准差	极大值	极小值
投入指标	科技活动人员数(万人)	4.1972	7.4720	78.4720	0.1276
	R&D经费内部支出(亿元)	59.2147	97.4162	912.5452	0.0518
产出指标	技术收入(亿元)	306.9698	865.4609	11174.2849	0.0001
	净利润(亿元)	191.9681	360.9773	3691.0802	0.0001
	上缴税费(亿元)	158.4831	262.2123	2841.9676	4.5864
	出口创汇(亿美元)	59.0806	77.2476	431.5937	0.6345
环境指标	人均GDP(万元)	7.0246	3.4476	18.9600	1.2700
	实际使用外资金额占GDP比重(%)	0.0308	0.0228	0.1316	0.0000
	政府科技支出占财政支出比重(%)	0.0278	0.0191	0.1627	0.0017
	高等学校在校生占常住人口比重(%)	0.0428	0.0290	0.1276	0.0018

4.2 结果分析

4.2.1 三阶段DEA创新效率分析

DEA测算需要投入产出指标具有同向性。经过相关性分析(表4.2)，高新区创新效率的投入产出指标之间具有正向相关性，且均通过了1%水平的显著性相关检验。投入产出指标间的相关系数均大于0.6，表现出强相关，说明选择的投入产出指标符合DEA测算的基本要求。

表4.2　国家高新区投入产出指标的Pearson相关系数

	技术收入	净利润	上缴税费	出口创汇
科技活动人员数	0.944***	0.956**	0.929***	0.630***
	(0.000)	(0.000)	(0.000)	(0.000)
R&D经费内部支出	0.889***	0.912***	0.868***	0.643***
	(0.000)	(0.000)	(0.000)	(0.000)

注：**、***分别表示在5%与1%的显著性水平下显著。

第一阶段将高新区原始投入产出数据代入BCC模型，使用软件DEAP2.1，计算得到52家国家高新区的综合技术效率、纯技术效率与规模效率。整理结果见表4.3（为便于排版，用高新区所在城市地名来代表高新区名称）。2007—2018年我国52家国家高新区综合技术效率的均值为0.8199，纯技术效率的均值为0.8838，规模效率的均值为0.9279。在DEA分析的第一阶段中，纯技术效率均值小于规模效率均值，其对综合技术效率的作用稍弱于规模效率。说明规模因素在高新区创新投入产出效率中起主要作用，规模因素的影响力强于技术因素。

在不考虑环境因素影响时，仅长春高新区处于效率前沿面上，综合技术效率、纯技术效率与规模效率的得分均值达到了1，其技术管理与资源配置相对有效。此外，北京中关村、上海张江的纯技术效率，均值为1，说明两家高新区的技术管理相对有效。52家国家高新区的综合技术效率均值都超过了0.6，其中20家的综合技术效率均值低于0.8，22家的综合技术效率均值处于0.8~0.9之间，两者占总体的比例超过了80%，仅有10家的综合技术效率均值大于0.9；从纯技术效率均值来看，28家高新区的纯技术效率低于0.9，占比接近54%；从规模效率均值来看，规模效率均值低于0.9的高新区数量为15家，占比仅为28.85%。因此，从12年间的效率均值来看，国家高新区的创新效率处在中等水平。

表4.3 我国52家国家高新区三阶段创新效率平均值

序号	高新区	投入调整前(第一阶段) 综合技术效率	纯技术效率	规模效率	投入调整后(第三阶段) 综合技术效率	纯技术效率	规模效率
1	北京中关村	0.8308	1.0000	0.8308	1.0000	1.0000	1.0000
2	天津	0.9300	0.9546	0.9746	0.9380	0.9993	0.9387
3	石家庄	0.8419	0.8766	0.9580	0.7037	0.9983	0.7049
4	沈阳	0.9511	0.9600	0.9904	0.7513	0.9995	0.7516
5	大连	0.8215	0.8342	0.9851	0.7862	0.9981	0.7877
6	长春	1.0000	1.0000	1.0000	0.9982	1.0000	0.9982
7	哈尔滨	0.8098	0.8724	0.9249	0.6941	0.9984	0.6951
8	上海张江	0.7790	1.0000	0.7790	0.9781	1.0000	0.9781
9	南京	0.6787	0.6863	0.9893	0.8908	0.9966	0.8938
10	杭州	0.8639	0.9079	0.9518	0.8984	0.9992	0.8991
11	合肥	0.8592	0.8667	0.9914	0.9386	0.9979	0.9403
12	福州	0.7845	0.8846	0.8853	0.6216	0.9983	0.6227
13	厦门	0.9109	0.9181	0.9916	0.9138	0.9997	0.9141
14	济南	0.9246	0.9358	0.9876	0.8634	0.9993	0.8641
15	威海	0.8273	0.9078	0.9109	0.7022	0.9985	0.7032
16	郑州	0.6931	0.7103	0.9725	0.7602	0.9950	0.7636
17	武汉东湖	0.7639	0.7845	0.9695	0.9296	0.9953	0.9338
18	长沙	0.6452	0.6658	0.9681	0.7991	0.9959	0.8024
19	广州	0.7952	0.8594	0.9312	0.9733	0.9982	0.9750
20	深圳	0.7035	0.7873	0.8957	0.9812	0.9964	0.9848
21	中山	0.8718	0.9395	0.9248	0.7495	0.9989	0.7504
22	桂林	0.8377	0.9468	0.8819	0.5954	0.9993	0.5958
23	海口	0.8438	0.9927	0.8499	0.5597	1.0000	0.5598
24	重庆	0.9225	0.9288	0.9928	0.7853	0.9994	0.7858
25	成都	0.8401	0.8646	0.9721	0.9595	0.9973	0.9619
26	西安	0.8076	0.9099	0.8917	0.9504	0.9993	0.9512
27	兰州	0.9115	0.9906	0.9203	0.6522	1.0000	0.6522
28	保定	0.6965	0.7923	0.8788	0.6377	0.9970	0.6396
29	太原	0.7743	0.8446	0.9165	0.6499	0.9991	0.6505

续表

序号	高新区	投入调整前（第一阶段）			投入调整后（第三阶段）		
		综合技术效率	纯技术效率	规模效率	综合技术效率	纯技术效率	规模效率
30	包头	0.7687	0.8616	0.8911	0.6368	0.9987	0.6377
31	鞍山	0.8652	0.9462	0.9148	0.6850	0.9993	0.6856
32	吉林	0.8149	0.9298	0.8741	0.6412	0.9985	0.6419
33	大庆	0.8678	0.9395	0.9209	0.7037	0.9988	0.7045
34	无锡	0.9347	0.9597	0.9746	0.9845	0.9993	0.9852
35	常州	0.7968	0.8465	0.9376	0.7420	0.9978	0.7437
36	苏州	0.9323	0.9825	0.9496	0.9912	0.9998	0.9913
37	南昌	0.7816	0.8307	0.9399	0.7318	0.9992	0.7324
38	青岛	0.7713	0.8450	0.9114	0.7275	0.9975	0.7293
39	淄博	0.8508	0.8948	0.9498	0.7746	0.9987	0.7757
40	潍坊	0.8256	0.8688	0.9486	0.7480	0.9981	0.7493
41	洛阳	0.7267	0.7983	0.9112	0.6678	0.9980	0.6692
42	襄阳	0.8013	0.8648	0.9260	0.7174	0.9983	0.7188
43	株洲	0.6856	0.7901	0.8686	0.6243	0.9978	0.6255
44	珠海	0.7858	0.8095	0.9708	0.8473	0.9976	0.8494
45	佛山	0.7525	0.7868	0.9565	0.8083	0.9978	0.8100
46	惠州	0.9243	0.9775	0.9436	0.8520	0.9996	0.8523
47	南宁	0.8999	0.9403	0.9558	0.6863	0.9991	0.6869
48	绵阳	0.6871	0.8373	0.8192	0.5700	0.9977	0.5713
49	贵阳	0.8089	0.8991	0.8993	0.6799	0.9990	0.6808
50	昆明	0.8233	0.9286	0.8873	0.6193	0.9989	0.6200
51	宝鸡	0.7098	0.8015	0.8852	0.6401	0.9973	0.6418
52	乌鲁木齐	0.8998	0.9990	0.9006	0.6413	0.9999	0.6413
	平均值	0.8199	0.8838	0.9279	0.7766	0.9985	0.7777

在第二阶段中，利用第一阶段计算创新效率时得到的投入目标值与原始投入值之差，求得投入松弛变量，并将其作为因变量，以影响高新区创新效率的环境变量作为自变量。将两类变量代入SFA回归模型，通过Frontier4.1进行回归分析，并进一步求得去除环境因素调整后的投入变量。将调整后的投入变量和

原始产出变量代入BCC模型，再次计算高新区的投入产出效率，结果如表4.3投入调整后（第三阶段）所示。为比较投入调整前后的高新区创新效率的差异性，对投入调整前后计算得到的综合技术效率、纯技术效率、规模效率分别进行Wilcoxon符号秩检验，检验结果见表4.4。从表4.4可知，投入调整前后的综合技术效率得分通过了5%的显著性检验，纯技术效率与规模效率得分均通过了1%的显著性检验，说明第一阶段与第三阶段测算的效率存在显著性差异，环境因素对高新区创新效率的影响非常明显。

表4.4　投入调整前后的高新区创新效率的Wilcoxon符号秩检验

	综合技术效率	纯技术效率	规模效率
Z值	−2.204	6.093	−5.528
P值	0.028[**]	0.000[***]	0.000[***]

注：**、***分别表示在5%与1%的显著性水平下显著。

经过调整投入变量后，我国52家国家高新区的综合技术效率均值为0.7766，相较于第一阶段有所下降。纯技术效率均值由0.8838上升到0.9985，上升趋势明显。相反，规模效率均值由0.9279下降到0.7777，下降幅度较大。可见，在剔除环境因素的影响后，纯技术效率替代规模效率，成为影响创新效率的主要因素。具体来看，第三阶段中只有北京中关村科技园区处于效率前沿面上，三种类型的效率均值都达到了1。此外，长春、上海张江、海口、兰州等4家高新区的纯技术效率均值为1，说明这些高新区的技术管理相对有效。经过调整投入变量后，有3家高新区的综合技术效率均值低于0.6，30家的综合技术效率均值处于0.6~0.8之间，两者占总数的比例达到了63.46%，占比明显高于第一阶段（表4.5）。52家高新区的纯技术效率均值都大于0.9，较第一阶段上升趋势明显。规模效率方面，均值低于0.8的高新区占比超过了60%。综合来看，经过去除环境因素影响后，我国52家高新区综合技术效率与规模效率均出现较大程度下滑。

表4.5 2007—2018年我国52家国家高新区创新效率分布情况

效率均值	投入调整前			投入调整后		
	综合技术效率	纯技术效率	规模效率	综合技术效率	纯技术效率	规模效率
<0.6	0(0%)	0(0%)	0(0%)	3(5.77%)	0(0%)	3(5.77%)
≤0.6~0.8	20(38.46%)	9(17.31%)	1(1.92%)	30(57.69%)	0(0%)	29(55.77%)
≤0.8~0.9	22(42.31%)	19(36.54%)	14(26.92%)	6(11.54%)	0(0%)	7(13.46%)
≤0.9~1.0	10(19.23%)	24(46.15%)	37(71.16%)	13(25%)	52(100%)	13(25%)

注：括号外为处在效率值区间内的高新区数量，括号内为该区间段高新区数量占总量的比例。

为进一步分析投入调整后的效率值，清晰展示各个高新区创新效率情况，以第三阶段中52家高新区12年的纯技术效率平均得分（0.9985）与规模效率平均得分（0.7777）作为临界点，并分别以纯技术效率与规模效率作为矩阵的横轴与纵轴，可将我国高新区划分为四种生产类型，如图4.1所示（图中的数字对应表4.3中的高新区序号）。

第一种类型为纯技术效率与规模效率均较高的高新区，包括北京中关村、上海张江、苏州等12家高新区，占比为23.08%。这些高新区在技术水平、规模效益等方面均表现较好。第二种类型为纯技术效率较高但规模效率较低的高新区，包括桂林、海口、中山等17家高新区，占比为32.69%，限制这些高新区创新效率的主要因素是创新资源的投入不足，规模效益偏低。第三种类型为纯技术效率较低但规模效率较高的高新区，包括武汉东湖、深圳、成都等10家高新区，占比为19.23%。这些高新区集聚了大量的创新资源，但技术转化能力与管理效率一般。第四种类型为纯技术效率与规模效率均较低的高新区，包括绵阳、保定、宝鸡等13家高新区，占比为25%。这种类型的高新区在技术能力、管理效率与规模效率方面均处于较低水平。

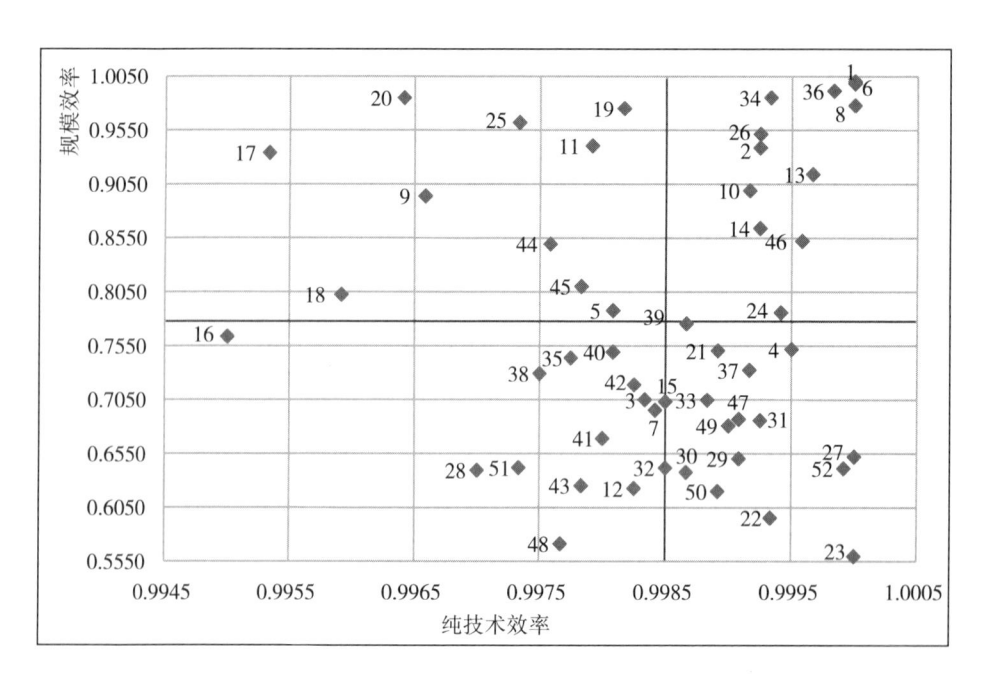

图4.1 我国52家国家高新区的纯技术效率与规模效率散点图

4.2.2 Malmquist指数分析

三阶段DEA模型测算的是某个时间点的效率,但当被评价的对象包含多个时间节点的数据时,就需要对其效率随时间序列的变化情况进行分析。Malmquist生产率及其分解指数是体现效率动态变化的指标,利用DEAP2.1计算Malmquist生产率及其分解指数。利用三阶段DEA模型,先计算投入调整前的Malmquist指数,再计算剔除环境因素投入调整后的Malmquist指数,通过对比,研究各年份、各高新区之间的效率变动差异。

从全国角度看,第三阶段全要素生产率相较于第一阶段发生明显变化,其中5年升高、5年降低、1年保持不变(见表4.6),基本保持均衡态势;第三阶段技术进步相较于第一阶段下滑明显,多达7年的技术进步下降;第三阶段相较于第一阶段,技术效率下降的趋势更加明显,仅有1年出现上升。可见在考虑环境因素后,我国国家高新区创新的Malmquist指数全面下降,环境因素对创新效率的影响较大。

投入调整后,我国52家国家高新区技术效率整体呈现上升趋势,但其带来的创新全要素生产率提高效应被技术进步的迟滞所抵消,国家高新区创新的全要素生产率出现负增长,全要素生产率的下降主要是由于技术进步的不稳定造成的。全要素生产率的平均增长率为-0.9%,主要原因在于技术进步效率负增长(-1.3%)。多达6年的全要素生产率出现负增长,2008相较于2007年负增长13.1%,仅有5年的全要素生产率高于上一年,增幅最大的年份是2015年,相较于2014年提升了25.9%。

表4.6 我国国家高新区创新效率历年变动情况

年份	第一阶段Malmquist指数			第三阶段Malmquist指数		
	技术效率变化Effch	技术进步变化Tech	全要素生产率变动Tfpch	技术效率变化Effch	技术进步变化Tech	全要素生产率变动Tfpch
2007~2008	0.979	1.000	0.979	0.969	0.896	0.869
2008~2009	0.997	0.945	0.942	0.959	0.921	0.882
2009~2010	0.990	1.000	0.990	0.981	1.024	1.005
2010~2011	0.978	1.049	1.026	1.052	1.034	1.088
2011~2012	1.025	0.974	0.998	1.005	0.993	0.998
2012~2013	1.018	1.008	1.026	0.979	0.972	0.952
2013~2014	1.068	0.931	0.994	1.027	0.998	1.026
2014~2015	1.041	1.008	1.049	1.130	1.115	1.259
2015~2016	1.006	0.989	0.995	0.942	0.962	0.906
2016~2017	0.953	1.030	0.981	0.937	0.951	0.891
2017~2018	1.016	0.973	0.989	1.078	1.012	1.091
平均值	1.006	0.991	0.997	1.004	0.987	0.991

从高新区角度看,分别计算各个高新区的Malmquist指数,由表4.7可知,相较于投入调整前,投入调整后有多达38家高新区的Tfpch出现不同程度下降,哈尔滨、天津两家高新区的降幅最大,均超过1.5%,杭州、济南两家高新区的增幅最大,同样超过1.5%。32家高新区的Tech下降,下降幅度最大的是苏州高新区,降幅为3.6%,沈阳高新区的增幅最大,达到2.9%。27家高新区的Effch下降,

郑州、沈阳等7家高新区的降幅超过2%,厦门、南京、珠海等3家高新区的增幅超过2%。可见,环境因素对技术进步的变化影响最大,技术进步效率降低直接导致全要素生产率降低。

投入调整后,仅有石家庄、济南、武汉东湖、长沙、青岛等10家高新区的创新效率在12年中的平均创新效率有效,Tfpch较投入调整前或有上升或有下降,主要在于技术进步的变动不同。天津、沈阳、大连、西安、太原等25家高新区的Tfpch都未达到全国平均值;苏州、贵阳、无锡等25家高新区的Tech低于全国平均值;沈阳、太原、大连等27家的Effch不及全国平均值。表明这些高新区的创新全要素生产率提升效果不明显,在全国主要高新区中相对落后,应在技术进步水平、管理水平与要素配置方面加大力度。

表4.7 我国52家高新区创新效率的Malmquist指数及分解

序号	高新区	第一阶段Malmquist指数			第三阶段Malmquist指数		
		技术效率变化Effch	技术进步变化Tech	全要素生产率变动Tfpch	技术效率变化Effch	技术进步变化Tech	全要素生产率变动Tfpch
1	北京中关村	1.016	0.985	1.001	1.000	0.990	0.990
2	天津	0.992	0.990	0.981	0.987	0.979	0.966
3	石家庄	1.022	0.988	1.009	1.008	1.001	1.009
4	沈阳	0.996	0.974	0.971	0.970	1.003	0.973
5	大连	1.006	0.981	0.987	0.986	0.992	0.978
6	长春	1.000	0.995	0.995	1.002	0.985	0.987
7	哈尔滨	1.015	1.007	1.022	1.001	0.998	0.999
8	上海张江	0.981	0.996	0.977	1.000	0.974	0.974
9	南京	0.982	0.983	0.966	1.005	0.975	0.979
10	杭州	0.983	0.984	0.967	0.990	0.996	0.986
11	合肥	0.990	1.001	0.991	0.999	0.995	0.994
12	福州	1.009	0.980	0.990	1.006	0.991	0.997
13	厦门	0.980	1.001	0.981	1.002	0.978	0.980
14	济南	1.001	0.986	0.988	1.003	1.000	1.003
15	威海	1.013	0.992	1.005	0.998	0.984	0.982

续表

序号	高新区	第一阶段Malmquist指数			第三阶段Malmquist指数		
		技术效率变化Effch	技术进步变化Tech	全要素生产率变动Tfpch	技术效率变化Effch	技术进步变化Tech	全要素生产率变动Tfpch
16	郑州	1.027	1.000	1.026	0.991	0.994	0.985
17	武汉东湖	1.030	0.998	1.028	1.010	1.002	1.013
18	长沙	1.004	1.008	1.012	1.013	0.997	1.010
19	广州	0.983	0.984	0.968	1.001	0.974	0.975
20	深圳	1.018	1.001	1.019	1.000	0.993	0.993
21	中山	1.026	0.998	1.024	1.009	0.972	0.981
22	桂林	1.018	0.990	1.008	1.003	0.991	0.995
23	海口	1.010	0.983	0.993	1.005	0.992	0.997
24	重庆	0.983	0.978	0.961	0.993	0.994	0.987
25	成都	1.025	0.996	1.022	1.004	0.989	0.992
26	西安	0.983	0.991	0.974	1.000	0.976	0.976
27	兰州	1.017	0.990	1.006	1.021	0.981	1.002
28	保定	0.999	0.993	0.992	1.007	0.987	0.995
29	太原	0.992	0.987	0.980	0.984	0.996	0.980
30	包头	1.013	0.988	1.000	0.997	0.991	0.988
31	鞍山	1.013	0.991	1.005	1.001	0.993	0.994
32	吉林	1.015	0.988	1.003	1.001	0.989	0.990
33	大庆	1.028	0.990	1.017	1.021	0.985	1.005
34	无锡	1.000	0.980	0.980	1.000	0.969	0.969
35	常州	1.026	0.997	1.023	1.005	0.987	0.991
36	苏州	1.000	0.992	0.992	1.000	0.956	0.956
37	南昌	0.996	1.007	1.002	1.004	0.994	0.998
38	青岛	1.018	0.998	1.016	1.014	0.992	1.006
39	淄博	0.998	0.992	0.991	0.999	0.988	0.987
40	潍坊	0.994	1.003	0.997	1.009	0.991	1.000
41	洛阳	0.996	0.980	0.976	1.000	0.985	0.985
42	襄阳	1.014	0.988	1.002	1.019	0.994	1.012

续表

序号	高新区	第一阶段Malmquist指数			第三阶段Malmquist指数		
		技术效率变化Effch	技术进步变化Tech	全要素生产率变动Tfpch	技术效率变化Effch	技术进步变化Tech	全要素生产率变动Tfpch
43	株洲	1.003	0.995	0.998	1.011	0.992	1.004
44	珠海	0.978	0.991	0.969	1.006	0.969	0.975
45	佛山	1.008	0.994	1.002	1.023	0.976	0.999
46	惠州	1.012	0.989	1.001	1.026	0.976	1.002
47	南宁	1.009	0.988	0.997	0.997	0.991	0.989
48	绵阳	1.026	0.992	1.018	1.005	0.993	0.998
49	贵阳	1.019	0.977	0.996	1.018	0.969	0.986
50	昆明	1.012	0.997	1.008	1.005	0.994	0.999
51	宝鸡	1.009	0.992	1.001	1.006	0.988	0.994
52	乌鲁木齐	1.027	0.985	1.012	1.030	0.995	1.025
	平均值	1.006	0.991	0.997	1.004	0.987	0.991

4.3 国家高新区创新效率的时空差异特征

以投入调整后的我国国家高新区纯技术效率与规模效率为观测变量,计算高新区创新效率的变异系数,能够反映高新区之间创新差异的变化程度。从图4.2中可以看出,我国国家高新区创新的纯技术效率变异系数在0.0010~0.0040之间,规模效率变异系数在0.1000~0.2500之间,整体上纯技术效率值为弱变异,规模效率值在中等变异与弱变异之间变化。

我国高新区纯技术效率变异系数从2007年的0.0013上升到2008年的0.0025,又降到2009年的0.0018,然后连续三年升高,在2012年的纯技术效率差异最大,变异系数值为0.0037。此后,纯技术效率差异逐渐缩小,到2015年降到0.0010,虽然此后连续两年微弱上升,但始终低于0.0020,并在2018年又降为0.0013,与2007年的差异水平相当。规模效率从2007年到2014年均为中等变异,区域之间的规模效率差异较大,但在2015年下降到0.1141,属于弱变异,此后连续两年又回到中等变异程度,并在2018年降到0.1471,重新回到弱变异状态。

这些变化表明我国国家高新区创新效率区域差异的三大特征:其一,高新区纯技术效率的差异极小,表明各高新区在科技部统一指导与地方政府服务下,通过完善技术服务与管理体制,对创新产出的支撑效果较好。其二,高新区规模效率的差异较大,表明高新区在集聚资源方面的能力差别明显,不同区域高新区因创新资源规模因素导致创新效率明显不同。其三,虽然高新区纯技术效率与规模效率差异的变化趋势不明朗,但大致呈现出下降的趋势,随着国家对各类高新区的创新支持,以及各区域战略对高新区的创新支撑,国家高新区创新效率之间的差异也在逐渐缩小。

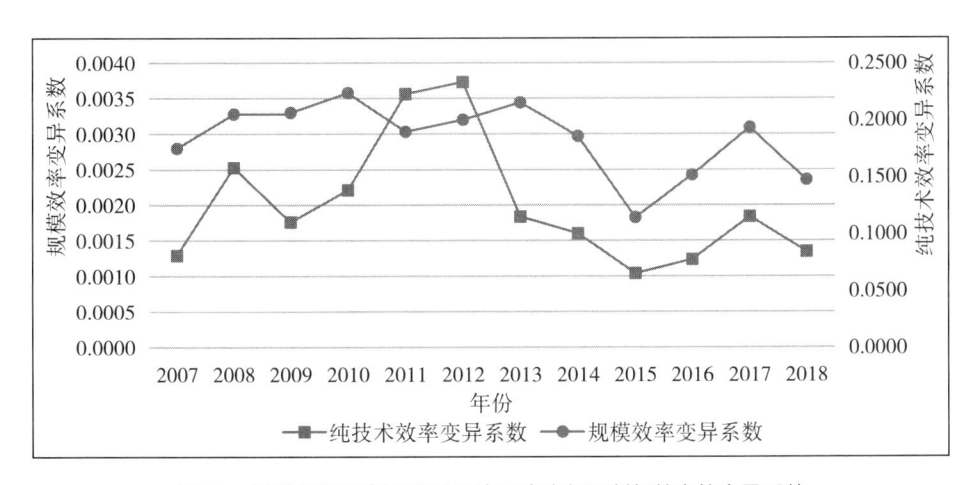

图4.2 剔除环境因素后我国52家国家高新区创新效率的变异系数

4.3.1 高新区创新效率的时间变化特征

随着时间推移,由于要素投入、技术管理、规模效益等不断发生变化,我国国家高新区创新效率也在发生相应变化。从三阶段DEA结果来看,图4.3与图4.4分别显示了投入调整前后,我国52家高新区的创新效率变化情况。

投入调整前,第一阶段DEA测算的结果显示(图4.3),我国高新区综合创新技术效率(TE)呈现出先下降后上升的趋势,由2007年的0.8076下降到2011年的0.7635，然后2016年上升到峰值，达到0.8862；此后，综合技术效率有所回落，在2018年为0.8580。纯技术效率（PTE）的变化趋势与综合技术效率的变化趋势基本一致，也呈现出先下降后上升的趋势，只有2011年的纯技术效率值低于0.8500，峰值与综合技术效率一致，也出现在2016年，为0.9207。规模效率（SE）的变化趋势，则呈现波动上升的趋势，由2007年的0.8955上升到2014年的0.9683，此后一直保持在0.9500左右。因此，在不考虑环境因素的前提下，我国52家国家高新区的创新效率整体呈现出波动式上升的趋势。

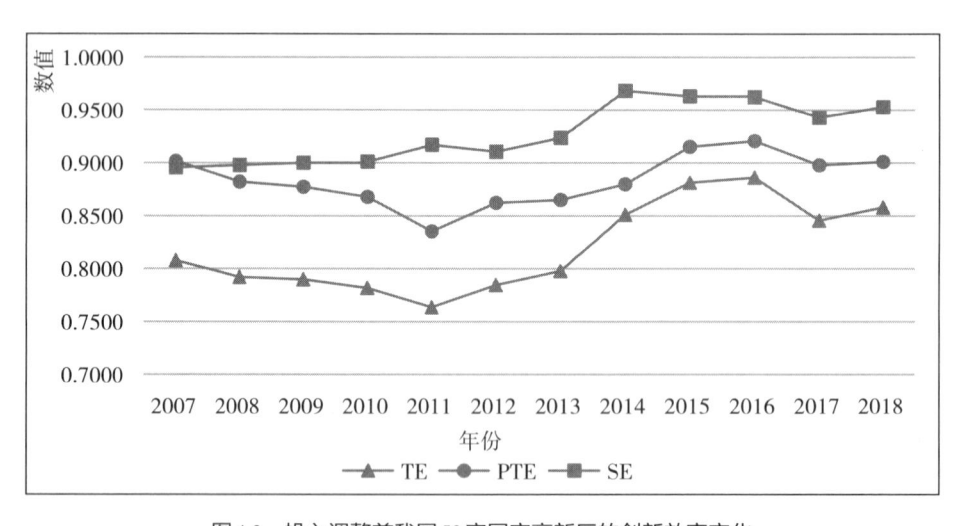

图4.3 投入调整前我国52家国家高新区的创新效率变化

投入调整后，第三阶段DEA测算的结果显示（图4.4），我国高新区综合技术效率与规模效率的变化趋势呈现出高度一致性，且两条曲线重合度较高，这是由于纯技术效率值几乎接近1所导致的。综合技术效率与规模效率处于不稳定状态，从2007年至2010年逐年下降，到2014年又波动式上升，但仍未超过2007年的效率值，直到2015年才超过2007年的效率值，并在此后连续两年下降。纯技术效率值的变化则相对稳定，12年的效率值均超过了0.9950。可见，在第一阶段DEA中，环境因素掩盖了创新效率的真实变化，在剔除环境因素之后，我国国家高新区创新效率的波动较大，特别是规模效率的波动较大，直接影响了综合技术效率的变化趋势。

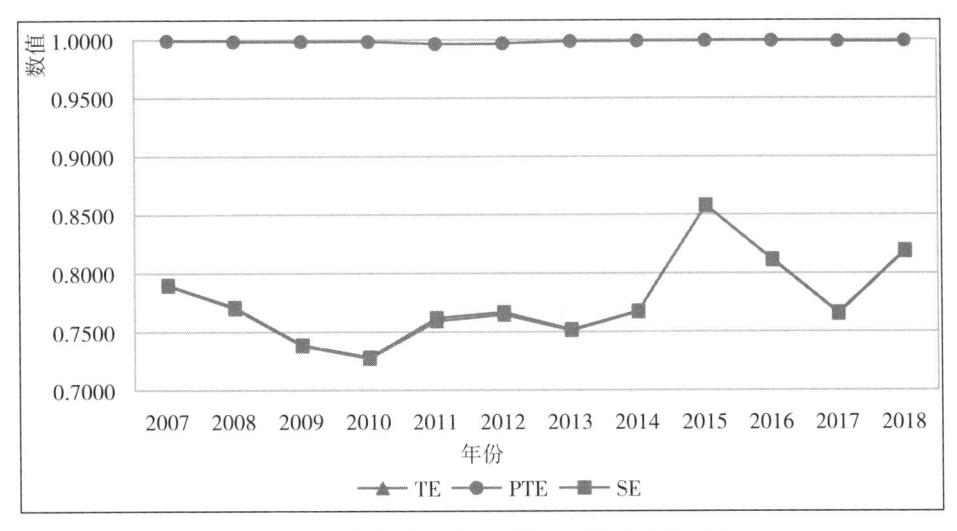

图 4.4　投入调整后我国 52 家国家高新区的创新效率

为进一步观察投入调整前后综合技术效率、纯技术效率与规模效率的变化差异，分别绘制了投入调整前后三种类型效率值的变化。由图 4.5 中可见，投入调整前后，综合技术效率的变化趋势不一致，投入调整前综合技术效率值先下降

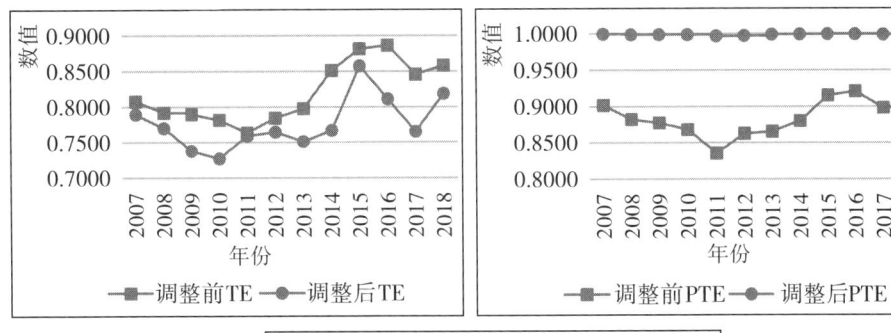

图 4.5　投入调整前后我国 52 家国家高新区创新效率变化对比

后上升,而投入调整后综合技术效率值先下降后上升,又下降再上升;投入调整前后,纯技术效率的变化趋势虽然较为一致,但投入调整前的变化差异性更大;投入调整前后,规模效率的变化趋势也不一致,投入调整前基本属于缓慢式上升状态,而投入调整后则呈现出明显的波动性。

4.3.2 高新区创新效率的区域差异特征

在考虑环境因素后,我国四大区域国家高新区的效率值均发生明显变化(表4.8)。综合技术效率方面,东部地区与中部地区的效率值均小幅增长,西部地区与东北地区的效率值大幅下降,降幅均超过0.1200。说明西部地区与东北地区的国家高新区创新效率受到外部环境的影响较大,这些地区的国家高新区适应外部环境的能力则相对较弱,抵御外部风险的能力较差;而东部地区与中部地区的国家高新区创新效率受到外部环境的影响较小,表明其创新并非依赖外部环境,而是主要依靠自身的技术与管理机制,这些地区的国家高新区内部创新体系相对完善,对外部环境的适应能力较强,能较好地防范经济周期、政策调整等外源性风险。

纯技术效率方面,四大区域投入调整后的纯技术效率变化差异较大,均大幅增长,效率值较低的中部地区也达到了0.9974,其他三个地区的纯技术效率相当。这表明,相对于其他地区,中部地区的国家高新区在技术和管理等方面还存在一定差距。因此,中部地区高新区提高综合技术效率的重要方式之一就是借鉴其他地区高新区的创新体系与管理体制,加强自身的创新转化。与此同时,在投入调整后,中部地区的纯技术效率的增幅也最大,增幅超过了0.2000,增幅明显高于其他地区。这说明,相对于其他地区,环境因素对中部地区的技术与管理影响较大。

规模效率方面,投入调整后规模效率值最高的是东部地区,效率值为0.8298,该区域相对于其他地区创新的综合技术效率也最高,规模效益更好。而且东部地区的国家高新区数量明显多于其他地区,为24家,几乎占到52家高新区的一半。东部地区是国家创新的主战场,也是我国吸引外资的主要窗口,国家高新区在集聚创新资源方面的优势明显，汇聚了大量的技术、人才、资金等资源，创新链条相对完整，有利于产生技术创新的规模效益。西部地区国家高新区的规模效率最差，效率值仅为0.7022，间接导致了其综合技术效率最低。西部地区由于区位、资源的先天劣势，在集聚创新资源方面明显弱于其他地区，高端创新资源偏少、创新链条环节缺失等都是导致规模效率偏低的原因。

表4.8 分地区的我国52家国家高新区创新效率均值

地区	投入调整前			投入调整后		
	TE	PTE	SE	TE	PTE	SE
东部地区	0.8273	0.8922	0.9284	0.8286	0.9986	0.8298
中部地区	0.7479	0.7951	0.9404	0.7576	0.9974	0.7596
西部地区	0.8264	0.9090	0.9081	0.7014	0.9988	0.7022
东北地区	0.8758	0.9260	0.9443	0.7514	0.9989	0.7521

本章基于我国1992年前成立的52家国家高新区数据，运用三阶段DEA模型和Malmquist指数方法，分别从静态与动态两方面揭示了我国国家高新区创新效率及其时空差异。本部分的分析一方面弥补了当前关于国家高新区创新效率研究的相对不足，另一方面也为各区域国家高新区持续提升创新效率以及国家区域性支持措施的出台提供重要支撑。主要结论如下：

第一，SFA结果表明，环境因素对国家高新区创新效率具有明显影响。第一阶段测算的效率与第三阶段测算的效率之间具有显著差异，综合技术效率得分通过了5%的显著性检验，纯技术效率与规模效率得分均通过了1%的显著性检验，表明城市经济实力、开放水平、科技支持、人才环境等环境因素对高新区创新效率的影响较为明显。

第二，从三阶段DEA分析结果来看，在考虑环境因素的前提下，我国国家高新区综合技术效率与规模效率均出现下降，纯技术效率上升。但因为纯技术效率的增幅（12.99%）低于规模效率的降幅（16.19%），导致高新区创新效率较第一阶段降低幅度达到5.28%。投入调整后，纯技术效率与规模效率均高于效率均值的高新区占比为23.08%,两种效率均低于效率均值的高新区占比达到25%,可见高新区创新效率的结构不平衡。

第三,从Malmquist指数分析结果来看,第三阶段相较于第一阶段,技术效率、技术进步下降的趋势明显。投入调整后,全要素生产率因技术进步效率变化而迟滞,国家高新区创新的全要素生产率出现负增长。具体到高新区层面,投入调整后有多达38家高新区的Tfpch出现下降,占比超过70%;25家高新区的Tfpch未达到全国均值,占比接近50%。表明相当一部分高新区的全要素生产率提升效果不明显,仍需加强创新效率提升。

第四,从空间角度来看,考虑环境因素后,各区域创新效率下降明显,各区域间纯技术效率差异不大,但规模效率差异较大,其中西部地区国家高新区的规模效率最差,效率值仅为0.7022,导致了其综合技术效率最低。高新区创新效率的变异系数也显示纯技术效率值为弱变异,规模效率值在中等变异与弱变异之间变化。

5 国家高新区科技创新政策组合的驱动路径

国家高新区创新的政策数量繁多、类型各异,这些来自各级政府、各职能部门的政策共同作用于国家高新区创新,影响着国家高新区创新成效。哪些政策类型组合在一起会产生更好的效果?又有哪些政策类型在政策组合中发挥关键作用?弄清楚这些问题,有利于评估国家高新区政策绩效、优化政策配置,并进一步助推国家高新区提升创新能力、实现产业升级,为各类政策制定主体提供政策借鉴与参考。通过量化国家高新区科技创新政策,测算国家高新区创新效率,采用定性比较分析方法,能够探索影响国家高新区创新的科技创新政策组合路径,进而提炼总结出国家高新区创新的政策组合驱动模式。

5.1 国高新区政策组合驱动路径的分析方法

科技创新政策对国家高新区创新的影响是一种复杂的综合影响。实际情况是,不会仅仅存在一种政策对国家高新区创新单独发挥作用,通常是多种政策共同发挥作用。已经有学者开始关注并研究政策组合对创新的影响。Rogge等(2016)从构成要素、政策过程和特征组成三个方面建立了政策组合分析框架,并分析了政策组合对技术变革的影响;Radicic等(2016)从政策组合的角度来理解创新政策的有效性,分析政策组合对创新投入与创新产出的影响。国内学者也逐渐关注科技创新政策组合,分析政策组合对企业技术创新协同效应、高技术产业创新效率、区域创新绩效等方面的影响(豆士婷等,2019;孟维站等,2019;刘秀玲等,2019)。

现有关于政策对创新影响的研究大多采用多元回归方法进行定量研究。用回归方法定量分析影响因素量化的累积性效果,固然可以验证预期的研究假设。然而基于回归的分析方法,是建立在假定变量之间的关系是对称的基础上的,但事实上变量之间的关系往往并非对称,而且多元回归并不能分析"原因"变量组合与"效果"变量之间的因果关系(Yong等,2017)。为弥补这一缺憾,构型理论将社会现象视为多种因素相互关联的结果,可以对变量之间存在的非对称关系进行建模(Woodside,2013)。定性比较分析法(Qualitative Comparative Analysis,QCA)正是基于构型理论的分析技术,是定性的研究方法,是在建立研究对象及其条件集合的基础上,分析不同条件组合对结果的影响路径。

基于清晰集的定性比较分析方法(csQCA)对数据编码使用的是布尔代数方法,即对不同条件变量进行二值化,当某个条件变量达到规定状态时赋值为1,而未出现规定状态时赋值为0。这种清晰简便的处理方法,可以对结果进行很直接的分析。但有时,囿于条件变量的复杂状态,简单的二值化不能很好反映条件变量的边界取值,布尔代数法的使用就受到了局限。美国社会学家Ragin(2000)运用模糊集合方法对传统的QCA方法进行了改进,拓展了csQCA的应用范围,对处于较为模糊状态的条件变量进行了界定,发展成为了基于模糊集的定性比较分析方法(fsQCA)。fsQCA扩展了csQCA的隶属分数,不再局限于"1"和"0"的两种分类,而是允许在"1"和"0"之间取部分隶属分数,所以fsQCA更适合分析在程度或水平上变化的因果关系。

因此,采用基于模糊集的定性比较分析方法,能够进一步研究政策组合对国家高新区科技创新的作用。以科技创新政策为条件变量,以国家高新区创新效率为结果变量,分析科技创新政策条件组合对高新区创新效率的影响。由于科技创新政策与创新效率并非清晰的状态,而是较为模糊的状态,是在一定程度和水平上变化的变量，因此选择fsQCA进行分析更为合适。运用fsQCA前对高新区科技创新政策条件变量进行赋值，同时对条件变量相对于结果变量的覆盖率与一致性进行检验，以保证研究的效度。

5.2 国家高新区科技创新政策类型及其量化

5.2.1 国家高新区科技创新政策目标与类型

政策目标是指政策实施后所要实现的结果，根据科技创新活动的过程性，可将国家高新区科技创新政策的政策目标分为科技成果产出、产业化效益两方面。需要指出的是此处所指的政策目标是与创新活动结果相关的目标。科技成果产出目标是指在科技创新活动中所产生的专利、成果、获奖等，是科技创新的直接目的；产业化效益目标既包括将具有实际应用价值的科技成果进行试验开发、推广应用进而形成新产品，也包括科技成果产业化在转化的基础上，将创新产品应用到产业领域所产生的经济效益目标。

政策工具分类是政策工具研究的重要组成部分，对政策工具进行分类既能够清晰认识组织可掌握的政策资源类型，也能够分门别类对政策工具进行运用，以不同类型的政策工具解决特定类型的政策问题。可以说政策分类研究是政策工具的基础性研究，能够进一步分类揭示不同类型政策工具的性质。选择恰当的分类标准是进行政策工具类型划分的基础。研究初期，最有影响力的政策工具分类是由Lowi（1968）提出的，他将政策工具分为分配性政策、再分配政策、监管性政策与构成性政策等四种类型。其他学者也基于不同的研究领域与专长，从不同角度提出政策工具分类标准与类型，使得政策工具类型的划分繁杂多样。迈克尔·豪利特等（2006）提倡以政府提供物品与服务的水平为标准，按照政府介入程度由低到高依次将政策工具划分为自愿性工具、混合型工具和强制性工具等三种类型。Rothwell等（1985）根据对象活动过程的特征，即政策工具的保障内容差异,将政策工具划分为供给型政策、需求型政策与环境型政策三种类型,这一政策分类被广泛应用于科技创新政策分析领域。

依据Rothwell关于政策的分类,结合国家高新区科技创新政策的特征,可对国家高新区科技创新政策类型进行如下分类:供给型政策主要包括涉及人才、资金、技术等的创新资源型政策,主要是通过提供资源要素来直接推动科技创新;环境型政策主要包括科技金融、税收优惠、知识产权保护、科技体制、创新平台等的创新环境型政策,主要是通过优化创新环境来服务创新活动,间接影响创新成果生成与转化;需求型政策主要包括政府采购、外包与贸易管制等措施,其中既涉及对创新主体产品的需求,也包括对技术要素的国际化规制等方面,主要是通过降低创新活动的不确定性,从需求端增加创新产品的市场前景,并以此来推动科技创新活动。企业、高校及科研院所等创新主体型政策,涉及的政策面较广,并非简单对应于某一类政策工具,根据具体政策内容分属不同的政策工具。

5.2.2 国家高新区科技创新政策量化

加里·李贝卡(1994)开创了政策量化分析的先河,他建立了一种变革指数框架,在这一框架中融入了过去时政策与现在时政策,通过两者的对比分析,以变革指数将政策内容进行了量化,实现了对政策效果的定量评价。纪陈飞等(2015)借鉴加里·李贝卡的政策量化模型,从政策本身内容出发,构建了政策量化标准与政策效率指数。殷华方等(2006)按照产业代码对产业政策进行归类,对各种政策类别分别赋值,并进行了政策有效性分析。刘力等(2017)在回顾传统政策测量研究基础上,提出政策测量应以目标为导向,依据权力结构和行政程序安排,建立分层次、有关联的阶段性指标体系,并以此评价了空间型政策的特征。

目前国内接受度较高的政策量化评估模型是由彭纪生等(2008)提出的,可借鉴此政策评估模型,开展相关研究。进行政策量化的基础是制定科技创新政策量化手册,根据国家高新区科技创新政策描述进行评分。同时,还需要界定政策力度,这通常指政策制定主体所带来的政策权威性与强制性,直接决定了各级政府或职能部门对政策内容的重视程度与贯彻执行政策的力度。按照我国政府层级与政策层次,将国家高新区科技创新政策的政策力度进行等级划分,并赋予一定的分值。量化手册的评分与政策力度的乘积共同构成政策效力。

此外,以DEA方法计算得到国家高新区创新效率,作为国家高新区创新水平的衡量指标。由于创新效率是小于等于1的连续性数值,需要对创新效率的取值进行校准。创新效率的连续性较好,离散程度较低,对其取均值。参照梁彦清等(2019)的做法,对数据分别以5%、95%与交叉点的50%对数据进行校准,并以四值集("1"表示完全隶属、"0.67"表示偏隶属、"0.33"表示偏不隶属、"0"表示完全不隶属)进行数据校准。此外,由于政策目标与政策工具的取值离散程度大,不适合以均值作为锚点,故以中位数作为锚点之一进行数据校准,同样以四值集进行数据校准。最后,以校准后的数据形成真值表。

5.3 国家高新区政策组合驱动路径与模式

5.3.1 国家高新区政策组合的主要驱动路径

采用fsQCA方法,从政策目标、供给型政策、需求型政策与环境型政策四个方面,探索国家高新区创新效率提升的政策影响路径。进行条件变量组态分析前,首先要对条件变量与结果变量之间的关系进行分析,即进行单个条件变量的必要性分析。将真值表导入fsQCA软件,进行必要性分析,得到条件变量相对于结果变量的一致性与覆盖率,前者的数值反映了条件变量是否具有必要性。一般可认为,当一致性数值低于0.8时,该条件变量为结果变量的非必要非充分条件;一致性数值在0.8~0.9之间时,认为条件变量是结果变量的充分条件,对结果变量的解释性较强;一致性数值大于0.9时,认为条件变量是结果变量的必要条件(王英伟,2020)。

必要性分析结果显示(表5.1),所有条件变量的一致性数值都小于0.9,没有任何一个条件变量是结果变量的必要条件,表明高新区不能仅仅通过增加单个政策变量的供给来提升创新效率,各政策变量对创新效率的影响是相互依赖的,只有某种条件组合才能推动创新效率提升。值得注意的是,供给型政策与环境型政策的一致性数值均超过0.8,可视为创新效率的充分条件,两者对创新效率的解释力度都较强,能够对创新效率产生重要作用。

表5.1 条件变量的必要性分析

条件变量	一致性	覆盖率
政策目标	0.6791	0.8812
供给型政策	0.8235	0.9224
需求型政策	0.7282	0.8624
环境型政策	0.8265	0.9002

以 fsQCA 软件进行操作,将一致性阈值设置为0.8,案例阈值设置为1,计算结果包括复杂解、简约解与中间解三种方案。三种方案在组态的适用性方面存在差异,复杂解由于对计算过程的要求过于严格,计算结果可能造成条件组合的遗漏;简约解则相反,计算过程对变量的要求过低,计算结果可能纳入了解释力较低的条件组合。因此,复杂解与简约解中的条件组合与实际情况出入较大。而中间解在计算复杂性和结果应用性上都优于复杂解与简约解,通常被直接用于条件组态的解释(张卫国,2019)。计算结果显示(表5.2),中间解的总体一致性为0.8518,总体覆盖率达到了0.9114,说明计算得到的条件组合能够解释约91.14%的案例,政策变量组合的实证分析结果具备较高的解释力。

在满足一致性与覆盖率前提下,经中间解计算得到国家高新区科技创新政策推动创新效率提升的4个最优组合,也即当这4种组合形式中任意一种出现或成立时,都能够对高新区创新效率产生重要影响。

表5.2 国家高新区创新中政策变量的前因条件组态

条件变量	条件组态			
	组态1	组态2	组态3	组态4
政策目标	●	⊗	—	·
供给型政策	—	⊗	●	·
需求型政策	⊗	●	⊗	—
环境型政策	—	—	·	●
覆盖率	0.4996	0.5488	0.6188	0.6478
净覆盖率	0.0313	0.0819	0.0276	0.1794
一致性	0.9179	0.8879	0.9652	0.9667
总体覆盖率	0.9114			
总体一致性	0.8518			

注：·表示条件组态中该条件存在，大点表示核心条件，小点表示辅助条件；⊗表示该条件无或极少；—表示此条件可存在，也可不存在，对结果的影响不大。

在具体分析各个条件组合前，还应明确核心条件与辅助条件。核心条件是指既在中间解也在简约解中出现的条件，在条件组合中发挥关键作用；辅助条件是指仅在中间解中出现的条件，在条件组合中存在一定作用，但对结果条件的作用相对较小。从各条件条件在组合中出现的情况来看，政策目标、供给型政策与环境型政策均出现了2次，并都作为一次核心条件、一次辅助条件出现，这说明三者在创新效率推动上往往扮演着重要角色，可以在诸多路径中发挥推动高新区创新发展的作用。需求型政策虽然也作为一次核心条件出现，但缺失次数最多，达到了2次，说明需求型政策仅能在少数路径中发挥作用，不能作为主要手段来推动高新区创新效率的提升。

定性比较分析的结果与此前多元回归结果具有较强的一致性。回归结果显示在地方性政策中，政策目标与三种类型政策工具等4个变量均对创新效率具有显著的正向作用，而定性比较分析的四个条件组态正好验证了这一结论，即4个变量均各自作为一次核心条件出现在不同组态中。从高新区科技创新政策内容出发,将以上四个条件组合归纳为目标指引路径、需求拉动路径、供给主导的环境优化路径、环境主导的综合路径等四种路径。

目标指引路径。组态1中推动创新效率提升的核心条件是政策目标。这一组态的覆盖率为0.4996,净覆盖率为0.0313,覆盖了5个案例,通过该组合路径提升创新效率的高新区包括宝鸡、西安、桂林、武汉东湖、杭州等5家高新区。这一组态反映出政府对高新区发展方向与具体目标做出符合实际的明确安排,在不着重考虑供给型政策与环境型政策的前提下,即使极少或不提供政府采购外包等需求拉动措施,仍然能促使高新区创新效率提升。

需求拉动路径。组态2中需求型政策是创新效率提高的核心条件。该组态的覆盖率为0.5488,净覆盖率为0.0819,同样覆盖了5个案例,厦门、郑州、襄阳、洛阳、长沙等5家高新区的创新提升路径属于这一组态。这一组态表明,在政策目标与供给政策相对缺失情况下,政府也能够通过明确高新技术产品的需求类型、加大高新技术产品采购力度、推动高技术产品出口等措施,来拉动高新区创新效率提升。

供给主导的环境优化路径。供给型政策与环境型政策是组态3中影响创新效率的充分条件,其中供给型政策是核心条件,环境型政策是辅助条件。该组态的覆盖率为0.6188,净覆盖率为0.0276,在四个组态中的净覆盖率最低,仅覆盖了3个案例,属于这一创新发展路径的高新区包括大连、武汉东湖、杭州等3家高新区。这一组态的逻辑解释是,政府积极推动人才、资金、技术等高端创新要素集聚对创新效率的作用巨大,并在一定程度上优化创新环境,这时政府通常不会出台政府采购、外贸等需求型政策,也能取得高创新效率。

环境主导的综合路径。政策目标、供给型政策与环境型政策均是组态4导致结果变量的充分条件,其中环境型政策是核心条件,政策目标与供给型政策是辅助条件。该组态的覆盖率为0.6478,净覆盖率为0.1794,在四个组态中的净覆盖率最高,覆盖了9个案例,中山、广州、成都、佛山、武汉东湖、珠海、惠州、深圳、杭州等9家高新区的创新效率提升路径属于这一组态。这一组态说明通过多元化政策类型的组合,以持续优化高新区创新环境为主要手段,并辅助以比较明确的发展目标与适当的创新要素集聚,就可以提升高新区创新效率。

从以上四种路径中,可以总结以下两大特征:第一,推动创新效率提升的政策路径具有而且应该多样化。从组态覆盖的案例情况看,单个案例多次出现在不同组态中,例如杭州、武汉东湖高新区分别同时出现在目标指引路径、供给主导的环境优化路径与环境主导的综合路径等三种路径中。定性比较分析方法认为导致结果出现的组态具有等效性,因此,可将导致杭州、武汉东湖高创新效率的三条政策路径均视为有效。可见对高新区来说,推动创新效率提升并不应局限于某一政策组合,而应审时度势在不同时期优化政策组合,探索适宜的发展路径。第二,环境主导的综合路径是高新区主要的创新发展路径,运用这一组合路径推动高新区创新提升的案例最多,且能够获得高创新效率的成功。这一政策组合路径也符合目前国家与地方实际。当前高新区创新也进入高质量发展阶段,通过简单的资源堆集与需求拉动并不总是能取得高创新效率,重点还应是持续优化内外部环境,激发内部创新活力。环境型科技创新政策包罗了科技金融、孵化平台、科技体制改革等内容,从全方位优化高新区创新环境,配合其他适当的政策工具,就可以激发创新主体的积极性,并取得较高的创新效率。

5.3.2 国家高新区政策组合驱动模式

5.3.2.1 国家高新区政策组合驱动模式的特征比较

fsQCA有效识别了科技创新政策推动国家高新区创新效率提升的四种路径,表明国家高新区取得高创新效率存在多元化的政策组合路径。根据四条路径所表明的核心条件配置与逻辑解释,可归纳为三大政策组合驱动模式:将目标指引路径定义为政策目标的单驱动模式,即通过政策目标的合理设定可牵引高新区创新效率提升;将需求拉动路径与供给主导的环境优化路径归并为政策工具的单驱动模式,即通过选择合适的政策工具类型可推动创新效率提升;将环境主导的综合路径定义为政策目标—工具的双驱动模式,即通过政策目标与政策工具的适配可促进创新效率提升。科技创新政策组合路径在国家高新区创新效率中发挥重要作用,其所引申而成的政策组合驱动模式特点各不相同,发挥作用的方式也不尽相同,在诸多方面表现出差异。

第一,适用环境的差异性分析。不同政策组合驱动模式的形成,一定程度涉及政策目标设定与政策执行层面的问题,实质上是政府通过分析研判环境,在政策目标与政策工具之间进行选择与搭配,并以此来推动高新区创新效率提升。而这一过程的前提则是认清国家高新区所处的内外部环境,只有正确研判高新区所处的自身环境,才有可能以恰当的模式推动高新区创新效率提升。具体来讲,外部环境中城市创新环境与城市政策环境是影响政策组合驱动模式形成与选择的重要因素。政策目标单驱动模式若仅仅依靠政策目标就可以发挥作用,那么就要求高新区所处的城市创新环境本身就具有较高水平,以及要求城市创新政策较多。此时,不需要单独为高新区配置供给型、需求型或环境型政策工具。而若高新区所处城市的科技创新政策不足,无法为高新区提供良好的外部创新资源与政策资源,就需要专门为高新区配置政策工具,即选择政策工具的单驱动模式或政策目标—工具的双驱动模式。

第二,适用阶段的差异性分析。虽然我国国家高新区整体而言进入第三次创业时期,但各个高新区之间发展水平存在现实差异,特别是区域间高新区创新水平的差异性更加明显。换言之,高新区自身有其发展的不同阶段,国家高新区既未处于同一层次,也未处于同一阶段,需要依个体差异而制定发展策略。处于不同发展阶段的高新区在创新资源集聚能力、创新产出水平方面存在差异,需要的政策支持也不尽相同。理论上,政策目标单驱动模式是高新区发展到高级阶段后的选择,在此阶段,高新区创新生态环境达到较高水准,只需指明创新方向与目标即可引导高新区发展。从覆盖的案例来看,政策目标—工具双驱动模式中的高新区创新水平明显优于其他驱动模式中的高新区,表明该驱动模式适应发展水平较高的高新区,特别是处于转型升级阶段的高新区,需要配置相应的政策工具以助推其转型发展。然而从政策目标单驱动模式覆盖的案例来看,既存在杭州、武汉东湖、西安等创新能力与创新效率较高的高新区,也存在宝鸡、桂林等创新环境一般与创新效率排名靠后的高新区,说明在高新区发展的低级阶段,政策目标的引领功能至关重要。

第三,政府介入的差异性分析。科技创新政策工具实质上是政府介入高新区创新发展的手段或方式,体现了政府在高新区创新发展中扮演的角色功能与提供的支持力度。供给型政策活动与需求型政策活动都依赖于政府财力,例如高层次人才引进费用、技术研发政府补贴、高技术产品购买等都直接消耗政府公共财政。环境型政策虽然对财政资源的要求不如其他两种政策工具高,但平台建设、产权保护等也消耗着财政资源,同时,其更多依赖政府制度资源的投入,即政府需要通过科技体制机制改革来完善科技金融、营造良好创新生态,以求进一步激发创新活力。政策目标不同于政策工具,前者是在分析现状及未来趋势基础上制定的,所体现的政府介入行为较少,而后者对政府支持创新的参与度要求更高。因此,政策目标单驱动模式中体现的政府介入及资源投入比较少;政策目标—工具双驱动模式的必要条件是供给型政策与环境型政策,政府参与的程度相对较高,投入资源包括财政资源也包括制度资源。但由于环境型政策是核心条件,因此,以制度资源投入为主。而政策工具单驱动模式,其核心条件是需求型政策或者供给型政策,而两者都依赖于政府投入大量的财政资源,因此政府介入的程度最高。

第四,政策效果可持续性的差异性分析。政策制定的有效性最终要看政策效果是否能达到政策预期。特别是政策工具,是政府推动实现政策预期目标的重要手段,不仅要看其能否实现政策目标,更要考量政策工具能否持续推动科技创新。从政策实践来看,各级政府都在进行高新区科技创新政策更新,既存在失去效力的政策终止,也存在修改条款的政策继承,这两种情况同时存在。显然,后者更能够节约政策制定资源,其持续性也更强。在政策工具的所有类型中,供给型政策的更替最为明显,人才、技术、资金投入政策往往要根据实际情况做较大变化,政策自身的稳定性与政策效果的持续性相对不高;需求型政策工具虽然自身更替变化有限,但从需求端拉动创新具有短期效应,对创新水平提升的影响不具有持续性;环境型政策工具由于改善的是高新区整体创新环境,对创新活力具有长期的助推作用。政策目标往往是未来多年的方向引领,对创新行为同样具有长期的影响力,但若缺乏政策工具的支持,政策目标往往也难以实现。因此,政策目标—工具双驱动模式,相对于政策工具单驱动模式,其政策内容的稳定性相对较高,对创新行为的影响力也较为持续。而政策目标单驱动模式由于相对缺乏政策工具的支持,对创新活动的实质性影响不如政策目标—工具双驱动模式。

通过以上分析,可以比较归纳出三种驱动模式在适用环境、适用阶段、政府介入与可持续性等方面的差异性(见表5.3)。

表5.3 国家高新区创新效率的政策驱动模式比较

驱动模式	政策目标单驱动模式	政策目标—工具双驱动模式	政策工具单驱动模式
必要条件	核心条件:政策目标	核心条件:环境型政策 辅助条件:政策目标、供给型政策	核心条件:需求型或供给型政策 辅助条件:环境型政策
适用环境	所在城市的创新与政策环境优势突出	所在城市的创新环境、政策环境较好	所在城市的创新环境、政策环境一般
适用阶段	发展的较高阶段或低级阶段	发展的较高阶段或转型阶段	大致处于发展的中级阶段
政府介入	政府介入较少,投入资源少	政府介入较多,重点投入制度资源	政府介入程度高,以财政资源投入为主
可持续性	持续性一般,缺乏支持手段	持续性较好,激发内生动力	持续性一般,缺乏目标引领

5.3.2.2 国家高新区政策组合驱动模式的应用问题

通过政策组合驱动模式的比较分析可以发现,不同模式之间存在明显差异,也存在某些特定问题。受到模式中政策目标或政策工具自身属性的影响,以及受到现实条件的影响,高新区创新效率的科技创新政策组合驱动模式可能在应用中存在以下问题:

其一,政策目标单驱动模式的策略短缺性问题。政策目标单驱动模式仅仅包含政策目标单一核心条件,供给型政策与环境型政策存在的必要性不明显,但却明显排除需求型政策工具。这就造成该模式在实际操作中,缺乏政策目标实现的针对性支持措施。一方面,高新区科技创新属于较小范围的区域创新,政策目标更容易聚焦特定领域,前瞻性和长远性相对不足,政策目标的自身引领功能不够强大;另一方面,高新区科技创新往往聚焦创新链条顶端,若要在关键科技领域发力,必备的政策工具仍然具备较大价值,而政策目标显然无法提供足够的创新高端要素。

其二,政策工具单驱动模式的方向忽视性问题。政策工具单驱动模式以需求型政策为核心条件,或以供给型政策为核心条件,特别是前者排除政策目标存在的必要性。这虽然能从供需两端短期内刺激创新活动,但很容易造成对创新方向与目标的忽视,致使创新缺乏方向的指引。高新区科技创新聚焦科技前沿,是国家科技创新的前沿阵地,不仅要符合国家创新战略需求,也要适应全球科技创新趋势。而政策工具单驱动模式,却容易使高新区创新过分关注公共部门的技术产品需求与区域内企业的要素需求,这些需求往往是滞后于国家与国际科技创新趋势的。因此,这一模式缺乏对政策方向与目标的研判,容易让滞后的标准拖延高新区科技创新发展。

其三,政策目标—工具双驱动模式的目标与工具适配性问题。理论上既具备政策目标,也具备政策工具,并且两者实现完美契合的模式更容易产生高创新效率。定性比较分析的结果也显示,相当数量的高新区采取此模式产生了高创新效率。然而难点就在于如何实现政策目标与政策工具的有效衔接,解决两者的适配性难题。国家高新区在科技成果产出、转化及产业化方面的政策目标相对中观宏观区域创新的政策目标更加精细化、微观化,而政策工具所瞄准的创新要素却更加高端化、全球化。因此,相比之下,实现高新区科技创新政策目标与工具的适配性更加困难。

6 国家高新区创新与空间区域发展政策

国家高新区作为驱动区域创新的重要平台,其创新能力与成效的提升离不开一系列区域发展政策的引导与支持。这些区域发展政策不仅为国家高新区的创新发展提供了必要的资源与环境支持,同时也明确了国家高新区创新的战略方向与目标。在当前国家以城市群与都市圈作为空间组织的新型城镇化战略背景下,国家高新区被赋予了更加重要的角色与使命。深入剖析国家高新区在城市群与都市圈政策中的功能定位,以及它们对区域经济社会发展的推动作用,是当前学术研究与实践探索关注的议题。因此,针对国家高新区在城市群与都市圈政策中的功能以及其对区域发展作用所进行的全面而系统的分析,不仅有助于揭示国家高新区在新型城镇化战略中的独特价值,也能够为进一步优化区域发展政策、提升区域创新能力提供重要的参考价值。

6.1 城市群与国家高新区的创新发展

6.1.1 城市群及其创新内涵

6.1.1.1 城市群概念及其特征

城市群是指在特定地域内汇聚数量较多的不同规模、类型、级别的城市集合体。基于得天独厚的自然环境条件或人文经济环境,城市群通常以一个或少数几个超级城市作为区域经济的中心,通过先进的交通体系、综合运输网络以及高度集成的信息网络,促进区域城市间深层次的经济文化联系,共同构成一个相对完整的城市网络体系(姚士谋等,2006)。这一城市网络体系呈现出多极化的特征,维持其架构稳定性的关键在于城市间人口流动、信息交换、资金融通、技术传播及文化共享等方面的高强度互动,这些要素的有序流动构成了维系整个城市网络系统运行的关键动力。城市群不仅是社会经济活动在空间组织上的高级形态,也代表了生产力空间布局的新趋势,体现了经济活动在空间上的集中趋势,即遵循着成本效益最大化原则,生产要素流动会沿着阻力最小的路径不断扩展与深化。

美国城市地理学家戈特曼在《大城市连绵区:美国东北部海岸的城市化》一文中指出,发展到大都市阶段的城市群在空间和功能方面表现出四大特征。一是空间集聚特征,各类生产要素在核心城市地区高度集聚,整个区域的城市结构呈现多核心的"星云状"特征;二是个体多样性特征,作为组成城市群的基本单元,单个城市的微观多样性形成城市群宏观上的"马赛克"结构;三是中心枢纽性特征,大都市带具备强大的枢纽功能,带动整个城市群的互联互通;四是牵引带动性特征,大都市具备发展的高级功能,能够引领周边区域的全方位发展。随着城市群的不断发展以及对其研究的不断深入,城市群在城市等级体系、空间形态结构、发展过程、内在联系等方面具有独特性(朱有志等,2008)。城市群是一个巨大的城市集合体,拥有完整的城市等级体系,由一个或少数几个中心城市以及大量的中小城市构成,使得城市群在空间上具有网络结构性的特点,且主要表现为单中心或多中心型的空间形态。而且城市群内部城市的规模、结构、能级等方面不断变化,使得城市群呈现出发展的动态性特征。此外,区别传统地理意义的城市群,现代意义的城市群在产业分工与协作方面具有内在有机性特征,生产要素的流动具有较强的互补性特征,促进城市群产业结构不断优化,从而形成有机的产业系统与创新系统。

进入21世纪后,经济社会迅猛发展,科技日新月异,生产力水平实现了巨大飞跃。这一进程深刻地改变了人类的生产生活方式,也促使城市群这一经济地理现象展现出一些新特点。城市群不仅规模持续扩大,空间结构更加优化,而且受益于通信、通勤等基础设施的巨大进步与改善,城市群内部城市间的经济联系日益紧密,形成了高效的产业链和供应链网络。大数据、人工智能、数字经济的兴起,更是为城市群的整体发展注入了新的活力,使得城市群在科技创新、信息流通、公共服务等领域实现了更高水平的共享与协作,进一步提升了城市群的综合承载能力和可持续发展能力。

6.1.1.2 城市群创新

城市群创新是指城市群内一个或多个核心城市凭借其卓越的创新能力,带动其他城市合作开展创新活动的过程。城市群创新是城市群发展中的重要内容,它对于产业转型升级、资源优化配置、科技成果转化等方面具有直接作用,是推动城市群高质量发展的核心引擎。城市群创新首先表现为创新要素的高效流动,作为不同等级城市在地理空间上的集聚,城市群内部人才、信息、技术的交流与共享具有得天独厚的优势,能够通过一体化体制机制设计,打破城市之间资源流动的壁垒,促进创新要素在更大范围内的高效配置,加速新技术、新产业的孕育与成长。此外,城市群创新还表现为区域创新网络的构建,城市群内部城市间的创新合作与联动,可以形成优势互补、错位发展的创新格局,政府、企业、高校、科研机构、科技中介机构等主体的跨空间协作推动城市群创新网络系统的形成。

城市群协同创新是城市群创新的核心要义。城市群协同创新强调的是城市群内部各城市之间在创新活动上的深度协作与融合,是城市群创新外在表现与内在机理的基本逻辑。这种协同不仅体现在创新资源的共享与优化配置上,更体现在创新机制的协调以及创新制度的建立上。特别需要通过制度体系来推进城市群协同创新。制定与城市群协同创新发展相适应的制度体系,如合作机制、分配机制、创新保障机制等,是实现城市间要素资源自由流动,有效提高区域创新动力的基础。

国家政策对城市群协同创新提出了方向和具体要求。由中共中央、国务院印发的《国家新型城镇化规划(2014—2020年)》对城市群创新提出了要求,即通过建立城市群发展协调机制,促进创新资源高效配置和开放共享,实现城市群一体化发展。其中特别强调东部地区城市群要以建设世界级城市群为目标,充分发挥区位优势,继续在制度创新、科技进步、产业升级等方面走在全国前列,集聚创新要素,增强创新能力,加快形成国际竞争新优势,发挥其对全国经济社会发展的重要支撑和引领作用。该文件未对中西部城市群创新做出明确要求,可见在全国创新驱动发展战略的整体部署中,以城市群为载体的创新驱动功能主要由珠三角、长三角、京津冀等东部地区城市群承担。但不可否认,随着创新驱动发展战略的深入实施,近年来,成渝、关中平原、中原等中西部地区城市群创新水平持续提升,在全国创新竞争格局中扮演着越来越重要的角色。

6.1.2 城市群与国家高新区的互动关系

国家高新区作为城市群中的重要空间单元,也是城市群创新的重要载体,两者存在着紧密且复杂的关系。国家高新区对城市群创新发挥推动作用,在城市群创新中扮演着至关重要的角色;城市群创新对国家高新区建设存在支撑作用,为国家高新区创新发展提供了广阔的空间。

6.1.2.1 国家高新区推动城市群创新发展

自中关村科技园区建立以来,国家加大对各级高新技术产业园区建设的投入。高新区凭借其资源优势与政策支持,通过改变区域不利的初始条件、推动创新要素集聚发展而引领区域经济的发展。我国国家级高新区的设立,对城市经济的发展作用明显。实证研究发现,高新技术产业园区通过科技创新和发展高新技术产业促进了城市经济发展,并进一步促进区域经济增长(张明斗等,2020),国家高新区的设立甚至能够使地区生产总值增长约20%(Alder等,2016)。

国家高新区作为一种区域性导向政策,在促进区域经济发展的同时,也有助于缩小地区间经济发展差距,对城市群内部不同城市的均衡发展具有意义。相对于资源禀赋较好的区域,资源禀赋较差的地区往往会陷入一种低水平的发展徘徊,且自身难以改变。而国家高新区作为一种外部推动力,可以帮助城市群内部落后地区改变低水平停滞的问题,促进区域创新平衡与发展均衡,实现经济可持续健康发展。根据内生经济增长理论,区域经济持续发展的内在动力来自人力资本与技术创新。恰好国家高新区集聚各种创新要素,是城市群创新的前沿阵地。此外,国家高新区创新发展也受到良好外部环境的支持,包括创新优惠政策、完善的体制机制,以及不断便利的园区基础设施。这既直接有助于国家高新区创新发展,也间接助推了城市群的创新发展。其中,创新基础设施的建立与完善为高技术产业的集聚提供了基础条件,高技术产业作为牵引创新产出的主要产业形态,所带来的技术创新效应,极大地促进了城市群创新发展。

国家高新区在促进城市群创新和经济发展方面具有明显的区域异质性特征。地区间的资源禀赋差异会导致区域导向性政策对城市经济的增长产生差异。地区初始资源禀赋条件不同,同一区域导向性政策的作用效果也不同。在城市群内部经济基础薄弱地区设立国家高新区的政策效应明显优于在经济基础较好地区设立高新技术产业园区(周国富等,2022)。经济比较发达的城市在科学技术、政策环境、人力资本、产业基础等方面占据优势地位,而经济欠发达城市在这些方面则存在着较大差距,特别是优质创新资源较少。根据边际效应递减的原理,经济基础较好城市与国家高新区的资源禀赋条件相似,因此国家高新区的设立对这些城市发展的作用效果一般,边际效应相对较小;相比之下,经济欠发达城市与国家高新区的资源禀赋条件差异较大,国家高新区的设立对城市发展的作用效果更加明显(刘瑞明等,2015)。

虽然国家高新区整体上能够推动城市群创新发展,但国家高新区推动城市群发展过程中也存在一些问题,比如国家高新区的建设可能带来资源错配与产能过剩(刘继华等,2017),并不一定能提高区域经济发展的质量。进一步而言,国家高新区作为区域导向性政策会造成创新资源的空间再配置,这就意味着国家高新区带动城市群创新发展是以某些城市占有其他城市的创新资源为代价的,在一定阶段和时期限制了其他城市创新水平的提升。

6.1.2.2 城市群支撑国家高新区创新发展

目前,我国省会城市及重要地级市基本都建有国家高新区,因此,一个城市群内部有数量较多的国家高新区。国家高新区在城市群空间内集聚发展,其内部的要素流动和外部的物理连接,非常依赖于城市群各城市之间的协同水平。城市群是否建设了完善的互联互通基础设施以及是否构建了畅通的高效交互网络,很大程度上影响着城市群内部高新区的创新发展潜力。

城市群主要从以下方面支撑国家高新区的创新发展。一是,城市群为国家高新区创新发展提供良好的区位优势。城市群通常位于国家或区域的核心地带,具有便捷的交通网络和完善的基础设施。这使得国家高新区能够充分利用城市群的地缘优势和基础设施,推动城市群内部人才、资本、技术等资源在国家高新区内高度集聚,为高新区创新发展提供强大的支撑。二是,城市群为国家高新区提供政策支持。国家高新区作为我国创新驱动发展的先行区,享受国家和地方政府的一系列优惠政策,城市群内政府间的政策协作,能够进一步为国家高新区创新发展提供政策保障。城市群省份之间、城市之间或多部门之间,专门制定城市群内部国家高新区的发展政策对高新区创新发展的推动力更强。三是,城市群为国家高新区创新发展提供产业链协同的基础。城市群内各城市产业布局注重差异化发展,形成产业链上的互补关系。国家高新区可以依托城市群内的产业结构调整与产业链协同,因地制宜地开展高新技术研发,实现本地产业创新和升级。四是,城市群为国家高新区开放式创新提供国际合作机遇。城市群中心城市的开放功能强大,作为对外开放的前沿阵地能够为国家高新区开展国际科技交流与合作提供便利,有利于引进外资与先进技术,促进高端创新资源的国际流动和配置。

6.1.3 城市群政策中的国家高新区创新

《中华人民共和国国民经济和社会发展第十四个五年规划和2035年远景目标纲要》(以下简称国家"十四五"规划)提到我国目前共有京津冀、长三角、珠三角、成渝、长江中游、山东半岛、粤闽浙沿海、中原、关中平原、北部湾、哈长、辽中南、山西中部、黔中、滇中、呼包鄂榆、兰州—西宁、宁夏沿黄、天山北坡等19个城市群。部分城市群已制定出台发展规划纲要,并在规划纲要中对国家高新区的功能、目标、任务进行了明确(表6.1)。

表6.1　部分城市群发展规划政策中关于国家高新区的描述

序号	城市群	政策名称及发布时间	政策中关于国家高新区的文本内容
1	京津冀城市群	《京津冀协同发展规划纲要》,2015年	加快北京中关村和天津滨海高新区国家自主创新示范区发展,打造我国自主创新的重要源头和原始创新的主要策源地。
2	长三角城市群	《长江三角洲城市群发展规划》,2016年	提升城市群内国家级开发区和高新产业园区互联网出口带宽,建成城市群内行业企业跨界信息服务平台,实现国家级开发区和高新产业园区企业全部接入。
3	珠三角城市群	《珠江三角洲地区改革发展规划纲要（2008—2020年）》,2008年	推进高新技术产业开发区"二次创业",重点加快广州科学城（北区）和深圳高新技术产业带建设,把广州、深圳国家高新技术产业开发区建设成为全国领先的科技园区。
4	成渝城市群	《成渝城市群发展规划》,2016年	共建川渝合作高新技术产业园,积极承接产业转移;做大做强国家级和省级经济开发区、高新技术产业开发区;以天府新区、两江新区和一批国家级高新技术开发区为载体,打造成渝创新驱动核心区。
5	长江中游城市群	《长江中游城市群发展规划》,2015年	以各类高新区、开发区和承接产业转移园区为载体,发展特色产业和劳动密集型产业;支持以武汉东湖国家级高新技术开发区为龙头,促进长沙、南昌电子信息产业集聚发展;鼓励武汉东湖、长株潭国家自主创新示范区及城市群内国家级高新技术开发区与北京中关村、上海张江国家自主创新示范区深化合作,共同探索产学研一体化创新发展模式。
6	山东半岛城市群	《山东半岛城市群发展规划（2021—2035年）》,2022年	推动济南高新技术产业开发区产值向5000亿级迈进;高标准建设黄河三角洲农业高新技术产业示范区;支持东营高新技术产业开发区、山东潍坊（寿光）高新技术产业开发区等6个省级高新区创建国家级高新区。
7	中原城市群	《中原城市群发展规划》,2016年	在有条件的城市设立国家级高新技术产业开发区和产业技术研究院等新型研发机构。加快推进郑州航空港引智试验区和郑州高新区国家级高层次人才创新创业基地、国家技术转移郑州中心人才培养基地建设,建立海外人才离岸创新创业基地。

续表

序号	城市群	政策名称及发布时间	政策中关于国家高新区的文本内容
8	呼包鄂榆城市群	《呼包鄂榆城市群发展规划》,2018年	推进鄂尔多斯国家高新技术产业园区、装备制造基地、空港园区、综合保税区建设,打造资源精深加工中心和一流的能源化工产业示范基地。推进榆林老城区、高新区、空港区等统筹发展,建设黄土高原生态文明示范区、国家历史文化名城和陕甘宁蒙晋交界特色城市。
9	北部湾城市群	《北部湾城市群发展规划》,2017年	以南宁、海口高新技术产业园区和北海工业园区为核心,打造电子信息产业集群;加快南宁高新技术开发区、茂名高新技术开发区等产业转型升级和城市功能改造。
10	哈长城市群	《哈长城市群发展规划》,2016年	充分发挥国家级新区、高新区和新型工业化产业示范基地要素集聚平台作用,联合打造一批创新园区和战略性新兴产业基地,加快形成生物医药、航天装备、海洋工程装备等战略性新兴产业集群集聚区。

2015年后国内各城市群发展规划密集出台,成为统筹各城市群发展的纲领性文件。城市群发展规划按照贯彻党中央关于区域协调发展的要求,主要依据国家五年发展规划、国家新型城镇化规划等文件而编制。大部分城市群的发展规划由国家发展改革委牵头编制,经由国务院批复而实施。从以上各城市群发展规划政策中关于国家高新区的描述,可见以下几点特征。第一,国家高新区在城市群中被赋予牵引驱动功能。国家高新区作为创新驱动发展的示范区,被定位为区域发展的创新策源地、创新核心区等,通过自身深化体制机制改革、优化创新创业生态,引领城市群向创新驱动发展模式转变。第二,国家高新区在城市群发展规划中的角色定位与城市群发展水平有密切关系。一般而言,越发达的城市群,其国家高新区定位越高,比如京津冀、珠三角城市群的国家高新区被定位为创新策源地或全国领先的科技园区。第三,国家高新区主要推动城市群战略性新兴产业集聚发展。国家高新区作为战略性新兴产业的发源地和集聚地,在城市群产业布局中占据重要地位,通常被赋予产业壮大、产业升级、产业创新等重任。第四,国家高新区与其他类型园区共同在城市群建设中发挥作用。部分城市群发展规划中,将国家高新区与国家级新区、经济技术开发区等园区作为

共同引领地方发展的重要载体,突出这些园区在人才集聚、产业引领等方面的特殊功能。

城市群政策不仅限于对其进行整体谋划的发展规划,还包括一系列细化政策,如实施细则、行动计划、实施方案等。这些政策共同构成了推动城市群发展的一套政策体系。国家高新区作为创新驱动的重要载体,在城市群各类政策中被广泛提及,并在城市群政策体系中表现出特定的体系化特征。以关中平原城市群为例,该城市群政策体系涵盖发展规划、实施方案、合作框架协议、合作事项清单等类型,制定主体包括国务院、国家发展和改革委员会、省级人民政府、省级发展和改革委员会、城市群市(区)等部门。除以上政策类型与部门外,2023年,关中平原城市群区域合作办公室发布了《关中平原城市群协同发展三年行动计划(2023—2025年)》。以城市群区域合作办公室的名义发布了城市群三年行动计划,显示了区域合作联席会议机制对城市群政策类型的拓展。据可公开查询的政策,几乎在所有的城市群政策中都对国家高新区进行了明确的目标和任务设定(表6.2)。

首先,城市群整体发展规划对重要国家高新区进行了详细的功能定位。《关中平原城市群发展规划》明确了西安高新区在西北地区的综合服务、对外交往门户、创新引领等定位,以及明确了杨凌农业高新技术产业示范区在农业供给侧结构性改革中的辐射功能和对外合作功能。其次,城市群基层政策提出了区域内国家高新区的协同发展策略。《关中平原城市群科技创新协同发展合作框架协议》强调了城市群各市(区)高新区之间以及与经开区等重点经济承载区的合作互动,提出发挥市(区)政策叠加优势,不断推进政策联动、产业联动与创新联动。再次,城市群下级政策落实了上级政策中关于国家高新区的要求。比如《关中平原城市群建设"十四五"实施方案》落实了《关中平原城市群发展规划》中关于杨凌农业高新技术产业示范区对外合作的要求,提出建设杨凌上海合作组织农业技术交流培训示范基地等任务。再比如《关中平原城市群建设2023年重点合作事项清单》落实了《关中平原城市群建设"十四五"实施方案》《陕西省〈关中平原城市群发展规划〉实施方案》等政策中关于"创新飞地"的建设要求。

表6.2 关中平原城市群政策中关于国家高新区的描述

序号	政策信息	政策中关于国家高新区的文本内容
1	《关中平原城市群发展规划》，2018年	加强西安高新区国家自主创新示范区建设，强化面向西北地区的综合服务和对外交往门户功能；发挥西安高新区国家自主创新示范区创新引领作用，带动西咸新区及宝鸡、咸阳、渭南、杨凌、天水等开发区创新发展；以杨凌示范区为载体推进农业供给侧结构性改革，充分发挥杨凌农业高新技术产业示范区辐射作用；以西安高新区等园区为支撑，积极开展西安—西咸新区云计算服务创新试点；支持杨凌农业高新技术产业示范区与中亚国家联合建设旱作农业技术研发中心、技术推广示范基地和合作园区。
2	《陕西省〈关中平原城市群发展规划〉实施方案》，2018年	扎实推进西安市全面创新改革试验、西安高新区国家自主创新示范区、西咸新区和杨凌"双创"示范基地等国家创新试点示范建设。推广高新区"托管""飞地"和离岸孵化模式，推进共建产业园区、公共技术服务平台、检测检验平台等，促进各地高新区之间形成链条互补、协作配套、集群发展格局。
3	《关中平原城市群建设"十四五"实施方案》，2022年	加快建设西部科技创新港，增强西安高新区高端产业集聚引领功能，打造全国重要科研和高新技术产业基地；引导西安高新技术产业开发区、经济技术开发区等在天水、平凉、临汾、运城等建设"创新飞地""人才飞地"；加强高新技术产业开发区、经济技术开发区标准化建设，探索建立亩均效益综合评价体系，提升产业发展平台综合效益；发挥杨凌农业高新技术产业示范区辐射作用，建设杨凌上海合作组织农业技术交流培训示范基地，促进干旱半干旱地区农业科技自主创新、集成创新和推广应用。
4	《关中平原城市群科技创新协同发展合作框架协议》，2023年	各市(区)支持高新区、经开区等重点经济承载区加强合作互动，发挥市(区)政策叠加优势，实现政策联动、产业联动、创新联动。
5	《关中平原城市群建设2023年重点合作事项清单》，2023年	开展"创新飞地"建设，发挥秦创原创新驱动平台作用，促进西安高新技术产业开发区、西安经济技术开发区在天水、平凉、临汾、运城等有条件的开发区开展"创新飞地"建设。

6.1.4 城市群政策推动国家高新区创新的有效策略

城市群政策一般都会涵盖区域内国家高新区的发展策略，因此，通过优化城市群政策内容来推动国家高新区创新是可行的。具体来讲，可从构建城市群创新生态系统、强化产业协同与创新、促进人才流动与培育、优化营商环境与服务、完善协同与联动机制等方面推动国家高新区创新。每个策略都旨在通过城市群内的资源整合、政策协同和创新发展，提升高新区的创新能力和竞争力。

第一，城市群政策应强化国家高新区参与构建城市群创新生态系统。完善的城市群创新生态系统由各个城市创新主体、创新资源、创新平台等要素及其良性互动构成。城市群内的国家高新区应充分利用其区位、产业基础、科研实力等优势，整合区域内高校、科研机构、科技企业等创新主体，通过政策引导进一步推动高新区内的企业与高校、科研机构开展深度合作，整合创新主体的创新资源并形成创新合力。城市群政策可以重点向国家高新区倾斜，建立创新平台，提升创新资源的整合效果。比如通过在国家高新区建设科技创新中心、孵化器、加速器等创新平台，为各城市国家高新区内的企业提供科技资源对接、技术成果转化等全方位的创新服务。

第二，城市群政策应突出国家高新区之间的产业协同与创新。由于产业协同与创新是推动高新区协同创新发展的重要途径，城市群政策可以通过系统布局各国家高新区的产业定位、产业链整合、培育新兴产业等方面推动国家高新区产业创新。具体来讲，城市群政策可以根据各个国家高新区的产业基础和技术基础，明确每一个国家高新区的产业定位和发展方向，形成国家高新区之间差异化、互补性的产业布局。既要结合国家高新区技术优势，明确培育和发展的新兴产业类型，也要通过技术创新和数字技术应用，推动高新区传统产业转型升级。同时，城市群政策需要明确各个国家高新区之间的产业链合作关系，推动多个国家高新区产业链上下游企业开展深度合作。

第三，城市群政策应重视促进国家高新区之间的人才流动与培育。高素质科技人才和产业人才是推动国家高新区创新的关键因素。城市群政策应明确国家高新区吸引高端人才的定制化措施，包括完善生活配套福利、完善人才工作激励等具体策略，吸引国内外高端人才到国家高新区工作和创业。还应出台推动国家高新区之间人才流动的政策措施，包括开展人才交流活动、搭建人才交流平台、完善人才流动机制等，促进高新区之间人才资源共享和优化配置。此外，城市群政策还应明确支持国家高新区内的企业和高校、科研机构开展科技人才和产业人才培育工作,培养具有创新精神和实践能力的高端人才,为国家高新区创新提供后备人才。

第四,城市群政策应明确国家高新区优化营商环境与服务的策略。为了推动国家高新区创新,城市群政策需要不断优化国家高新区创新的营商环境。其中,最重要的是高效办好惠及企业生产运营的事项,即始终围绕"高效办成一件事",不断推进商事登记制度改革,推进国家级企业开办全程网上办理。根据城市群各城市之间以及国家高新区之间的融通情况,开展联合审批服务。比如,可以在城市群政策中提出联合开展智慧政务,打造行政审批数字化平台,便利企业开办和生产。此外,在柔性监管执法方面,城市群政策可以重点明确包容审慎监管措施,列出减轻、从轻处罚事项清单,为国家高新区企业发展提供容错支持。

第五,城市群政策应加快健全国家高新区之间的协同与联动机制。城市群政策需要加强国家高新区之间协同与联动机制的建立,推动国家高新区在更大范围内实现资源共享和优势互补。可以在城市群政策中提出建立国家高新区协同机制,包括国家高新区之间联合打造产业创新联盟,举行联席会议等。特别是可以在城市群政策中明确多个高新区之间的项目合作方向,鼓励高新区企业开展项目合作,共同开发新技术、新产品和新市场。为进一步提升协同与联动的成效,还可以在城市群政策中提出国家高新区联合打造区域品牌,实施品牌联合打造机制,提高区域内国家高新区的知名度和影响力,吸引更多的创新资源和人才到区域内投资和创业。

6.2 都市圈与国家高新区的创新发展

6.2.1 都市圈及其创新内涵

都市圈(或都市区、大城市圈)指在城市群发展中出现的以大城市为核心,周边城市共同参与分工与合作,并形成一体化发展的圈域经济现象。1957年,法国地理学家戈特曼首次提出了"大城市连绵区（Megalopolis）"概念，用以概括美国东北海岸出现的大城市连绵区（或城市带、城市群）现象。都市圈通常被定义为一个或多个核心城市及其外围次级城市形成的紧密联系区，并具有一体化倾向的邻接城镇与地区构成的圈层式结构，其形成的巨大意义在于打破行政壁垒，按经济和社会整合的需要构筑城镇空间体系，以满足区域竞争力提升所依赖的资源自由流动（桑秋等，2003）。从都市圈概念发展来看，都市圈的内涵都比较强调以人口指标为中心，如人口密度、人口非农业化的比例、人口流动（通勤、上学）情况等。都市圈内部城市功能和经济联系也受到重视，以及土地利用形态、劳动力就业结构等方面（任晓，2015）。都市圈的本质在于打破行政区的束缚，提升城市间的经济联系，推进跨区域基础设施共建共享，促进区域经济、社会与环境的整体可持续发展，形成市场高度一体化的发展态势（廉军伟，2016）。2019年，国家发展改革委在《关于培育发展现代化都市圈的指导意见》中明确了都市圈的概念，指出都市圈是城市群内部以超大城市、特大城市或辐射带动功能强的大城市为中心、以1小时通勤圈为基本范围的城镇化空间形态。

都市圈、城市群作为区域经济一体化与城市发展进程中的特定空间形态，既有相似之处，也存在一定的差异，既相互联系，又各有区别。都市圈和城市群的形成和发展是城市化进程的必然趋势，区域的空间结构按照城市—都市圈—城市群—经济区的路径顺序演进。都市圈是城市化演化的中级阶段，是城市群的构成单元。都市圈与城市群都是以一个或多个中心城市为核心的城市经济体，其中心城市与外围城市之间都具备地域的相邻性、交通的可达性、经济联系的紧密性、产业结构的互补性等特点（曾群华等，2012）。都市圈与城市群还在许多方面表现出不同。首先，都市圈的空间尺度小于城市群。都市圈依托发达的交通基础设施网络实现1小时左右的通勤，而城市群由多个都市圈或大城市组成，其面积更大，通勤时间远大于1小时。其次，都市圈核心城市的辐射范围小于城市群。虽然都市圈的核心城市具有较强的辐射带动功能，但辐射面积相对小于城市群的辐射面积，城市群的核心城市不仅有辐射带动作用，还能够在更大范围内与其他都市圈或城市圈进行空间耦合，形成更大的辐射效应。再次，都市圈的一体化程度高于城市群。都市圈核心城市促进区域经济一体化发展的能力非常强,周边城镇融入核心城市的意愿强烈,同城化特征非常明显,而城市群为了实现区域协调发展,旨在构建一个协同发展的城市网络,一体化发展程度弱于都市圈。另外,按照《关于培育发展现代化都市圈的指导意见》中的表述,"城市群是新型城镇化主体形态,是支撑全国经济增长、促进区域协调发展、参与国际竞争合作的重要平台"。而"都市圈是城市群内部以超大特大城市或辐射带动功能强的大城市为中心、以1小时通勤圈为基本范围的城镇化空间形态"。显然,都市圈在体量和层级上,都要低于城市群。

都市圈创新的内涵涉及多个层面,包括协同创新效应、空间演化特征以及创新空间的类型与格局等。都市圈创新首先强调的是协同创新效应。这种效应由创新主体协同、资源要素协同、方式协同和空间协同四个维度构成,旨在通过各个维度间的协同互动和维度内的耦合关联,实现创新协同效果的最大化(解学梅,2013)。这表明都市圈创新不仅仅是单一主体或单一资源的创新,而是多主体、多资源在多维空间结构中的综合协同。都市圈创新的空间结构特征经历着一定的演化过程,都市圈创新空间的类型与格局研究表明,都市圈层面的各类创新空间呈现出精细化与系统化的发展脉络(王兴平等,2015b),不仅涉及宏观层面的政策和规划,更体现于微观层面的空间布局和组织。具体而言,都市圈协同创新的空间演化先后经历了创新要素单核集聚阶段、区际知识溢出与联合阶段、开放式协同创新网络联动阶段、区域协同创新共同体阶段等四个阶段(陆军等,2020),四个阶段也是都市圈创新发展的动态过程。在都市圈创新的基础上,创新型都市圈成为未来区域创新发展的新型空间形态。创新型都市圈具有"多尺度""跨政区"和"超网络"的特征(朱凯等,2014),体现了创新型都市圈在空间、行政和网络结构上的复杂性和多样性。与创新型城市相比,创新型都市圈更加强调区域间的协同和资源的全面协同(王兴平,2014)。综上而言,都市圈创新强调的是多主体、多资源的空间综合性协同,旨在通过协同创新推动区域经济高质量一体化发展。

6.2.2 国家高新区与都市圈创新

国家高新区与都市圈创新之间存在着密切且复杂的关系。国家高新区作为各类开发区创新的高级形态，在都市圈创新发展中扮演着重要角色，不仅是建立和发展都市圈高新技术产业的基地，还是加快科技成果转化的示范区，以及深化科技体制改革的先行区。这些功能定位使得国家高新区成为推动都市圈创新发展的重要力量。国家高新区的成立能够推动都市圈整体创新水平的提升。一方面，国家高新区通过集聚创新高端要素，引领都市圈区域内科技进步与技术创新，为都市圈提供强大的创新驱动力。另一方面，国家高新区与都市圈内的其他区域产业形成紧密的协同关系，前者通过发展战略性新兴产业，带动其他区域创新集群的发展，从而优化都市圈的全域产业链布局。此外，国家高新区强劲的产业增长能力能够产生人口吸附力，从而引起城市公建用地、居住用地和道路设施的配套建设，将原来纯粹的产业区演变为新城区，既拓展了都市圈的地域空间，加速了城市化进程，也加速了创新传播，为都市圈创新提供了良好的外部环境。

都市圈创新对国家高新区发展具有反哺作用。都市圈内的产品需求与技术需求为国家高新区创新提供了广阔的发展空间。随着经济质量的发展和人口规模的增长，都市圈对新技术、新产品和新服务的需求不断增加，这诱导国家高新区内的企业不断开展技术研发以不断满足市场需求。都市圈良好的创新环境也对国家高新区的创新发展具有重要影响。都市圈内的一体化政策环境、创新文化等因素都会直接助力国家高新区与其他空间载体之间的协同创新，有助于提升国家高新区的创新能力和竞争力。此外，都市圈内的产业协同发展为国家高新区提供了更多的产业协作空间，国家高新区通过与其他空间的产业合作，可以深耕自身的高技术产业技术研发和产业培育，不断提升产业附加值和市场竞争力。

6.2.3 都市圈政策中的国家高新区创新

《国家发展改革委关于培育发展现代化都市圈的指导意见》（发改规划〔2019〕328号）对以国家高新区为代表的各类园区提出要求，即统筹整合都市圈内新区、园区等各类平台,建设一体化发展和承接产业转移示范区,推动创新链和产业链融合发展。2024年,国务院印发《深入实施以人为本的新型城镇化战略五年行动计划》(以下简称"五年行动计划"),该政策提出实施现代化都市圈培育行动,指明我国都市圈的发展方向为"加快转变超大特大城市发展方式,依托中心城市辐射带动周边市县共同发展,培育一批同城化程度高的现代化都市圈,推动通勤便捷高效、产业梯次配套、生活便利共享,引导大中小城市和小城镇协调发展、集约紧凑布局"。这表明未来一段时期,都市圈将成为我国新型城镇化发展的重要依托载体,需要充分带动周边市县一体化发展。都市圈创新的主要任务是推动创新链产业链资金链人才链深度融合发展,围绕产业升级主攻方向,建设一批高水平创新联合体、科技成果转化平台和中试孵化基地。"五年行动计划"同时要求促进产业园区提级扩能,推动同质低效产业园区整合升级,提升园区设施和服务标准化水平。可见,"五年行动计划"为都市圈与国家高新区的互动式发展提供了巨大空间。

截至2024年底,国家发展改革委共批复南京都市圈、福州都市圈、成都都市圈、长株潭都市圈、西安都市圈、重庆都市圈、武汉都市圈、杭州都市圈、沈阳都市圈、郑州都市圈、广州都市圈、深圳都市圈、青岛都市圈和济南都市圈等14个都市圈。其中一部分都市圈已出台整体发展规划政策(表6.3),并在政策中对国家高新区的发展进行了布局与安排。

表6.3 部分都市圈发展规划政策中关于国家高新区的描述

序号	都市圈	政策名称及发布时间	政策中关于国家高新区的文本内容
1	南京都市圈	《南京都市圈发展规划》,2021年	开展都市圈高新园区合作,探索园区合作新模式,围绕集成电路、新能源汽车、人工智能、软件和生物医药等产业地标,支持毗邻高新园区共建产业集群;明确都市圈内部高新园区、科技园区功能定位,引导创新成果和科技创业企业向最具优势和效益的园区落户。

续表

序号	都市圈	政策名称及发布时间	政策中关于国家高新区的文本内容
2	成都都市圈	《成都都市圈发展规划》,2021年	持续推进成都高新区国家自主创新示范区高水平建设;率先启动德阳高新区狮象等组团建设,推动德阳高新区新型工业化产业示范基地产城融合发展;在国家级、省级新区和省级及以上高新技术产业开发区等建设校(院)地协同创新集群;以德阳高新技术产业开发区等园区为核心,联动各类园区开发平台,重点发展环保装备、精密制造、智能终端产品制造等。
3	长株潭都市圈	《长株潭都市圈发展规划》,2022年	利用现有高新区等园区平台,重点集聚装备制造、新材料等新兴产业和文化创意、商务会展等现代服务业;推动长沙高新区、宁乡经开区、望城经开区等园区联动发展,推动湘潭高新区、株洲经开区、荷塘高新区等联动发展,提升县市经济关联度与活跃度;加强湖南自贸试验区长沙片区与国家级高新区、经开区等园区的联动。
4	广州都市圈	《广州都市圈发展规划》,2023年	加强南沙科学城与佛山三龙湾地区、中山翠亨新区、珠海高新区等重大创新平台对接,协同发展珠江西岸先进装备制造产业,推动广深港科技创新走廊建设;加快建设广州、佛山、肇庆、清远高新区;推动肇庆高新区、肇庆金利高新区承接粤港澳大湾区发达地区科研成果转化孵化;推动肇庆高新区建设错位发展、协作互补、特色鲜明的汽车零部件特色园区,承接汽车整车零部件配套项目转移。
5	济南都市圈	《济南都市圈发展规划》,2024年	做强做优东部中央商务区、济南高新技术产业开发区中心区、汉峪金谷片区;加快建设德州高新技术产业开发区国家级绿色产业示范基地。

近年来,我国各个都市圈陆续出台发展规划政策,统筹布局区域协调发展。都市圈发展规划政策相较于城市群发展规划政策的出台时间晚,可见都市圈作为一种重要的区域空间组织形式在近年来才逐渐受到重视。在已经公布的都市圈发展规划政策中,无一例外都提到了国家高新区的发展任务。与城市群政策中的国家高新区不同,都市圈发展规划政策中较少提及国家高新区的战略定位,而是更加聚焦国家高新区的具体发展任务。一方面,国家高新区在都市圈中的产业创新任务更加明确、更加聚焦,大部分发展规划政策都对重点国家高新区的

产业创新发展任务进行了细化；另一方面，国家高新区与都市圈其他园区平台的协同发展受到较多关注，具体表现在产业协作、创新协同方面，尤其是重视规划国家高新区与其他园区平台在产业链层面的协同共建。

都市圈发展规划政策作为都市圈区域发展的统领性政策，为其他配套政策的制定提供指引。例如四川省人民政府于2021年印发《成都都市圈发展规划》后，《成都都市圈国土空间规划（2021—2035年）》于2024年获批通过，成为全国首个省级人民政府批复的国家级都市圈国土空间规划，旨在进一步优化成都都市圈国土空间布局。又如《武汉都市圈发展规划》是武汉都市圈发展的纲领性文件，为深入推进武汉都市圈建设，武汉都市圈发展协调机制办公室先后印发《武汉都市圈发展三年行动方案（2023—2025年）》《武汉都市圈发展协调机制科技创新组三年行动方案（2023—2025年）》等文件。湖北的地方城市也相应制定行动方案，如《鄂州市推进武汉都市圈发展三年行动方案（2023—2025年）》《黄冈市推进武汉都市圈发展三年行动方案（2023—2025年）》。这些政策构成了都市圈发展的政策体系，每一份政策文件几乎都涉及了国家高新区。可见，国家高新区在推动都市圈建设中的重要作用，而都市圈政策体系也为国家高新区创新发展提供了全方位的政策保障。

6.2.4 国家高新区建设现代化都市圈的主要路径

第一，优化生产力布局。综合考虑都市圈的区位交通、资源环境、战略定位和发展基础，与城市功能分区相衔接，按照统筹研发、制造、工业、服务业等综合功能的产业布局思路，逐步形成以国家高新区为中心的总体产业空间格局。建设总部中心城，围绕国家高新区管理机构所在地，突出高标准城市配套功能，重点布局国际交往及会展服务、文创旅游、软件信息、生物医药等产业。建设产业技术研发创新区，打造研创科技城，促进大学学科尤其是交叉学科领域的发展，发挥高校院所研发创新实力，发展科技研发、创业孵化等科技服务业。建设智能制造产业区，形成智能制造城，推动智能制造装备、智能制造机器人等产品研发和产业化。建设开放型对外贸易区，形成开放物流城，发挥国家高新区的开放功能,利用大数据、人工智能、5G等前沿技术,推动大数据贸易平台、综合智慧开放园区等载体建设,推动与现代服务业融合发展,构建开放型智慧贸易体系。

第二,加快基础设施一体化。增强国家高新区与都市圈内其他区域基础设施连接性贯通性,推动一体化规划建设管护,织密网络、优化方式,加快国家高新区融入都市圈公路和轨道交通网、信息网、能源网。建设轨道上的国家高新区,构建以高速铁路、市域铁路、城市轨道交通为主体的快速轨道交通网络。加强轨道快线对国家高新区的支撑,实现高新区与机场、火车站等重大枢纽的高效快捷联通,加强中心城区与国家高新区之间的轨道连接。畅通国家高新区与都市圈公路网,全面摸排国家高新区与周边各区的"断头路""瓶颈路",加快畅通、拓宽工程,重点推进提高与周边区域的路网联通程度,打通国家高新区与中心城区交通转换的重要枢纽。推进口岸平台协同建设,积极拓展国家高新区口岸功能,加快建设水陆联运交通枢纽,建设国家高新区物流基地,增强国家高新区交通枢纽辐射作用。统筹协调区域间能源基础设施,在国家高新区统筹规划建设水、电、气、通信、垃圾处理等各类市政基础设施,推进电网、天然气、城市地下管线建设,加强国家高新区与城市区域的管网连接,推动国家高新区在统一标准、互联互通的过程中作为主要力量参与到区域协调中。

第三,推动产业高能级发展。以大数据智能化为引领,加强产业协同发展。充分发挥数据的基础资源作用和创新引擎作用,紧抓大数据、人工智能产业发展重大战略机遇,集中优势资源突破大数据核心技术;推动互联网、大数据、人工智能和制造业深度融合,重点发展工业互联网,建设面向未来的智能产业集群,加快企业智能化改造,推动制造业转型升级,将国家高新区打造成为都市圈智能产业发展的核心力量和人工智能产业创新发展战略高地。与其他园区工业产业进行错位发展,国家高新区要做大做强优势产业集群,联合数字经济产业园、大数据产业基地等数字经济产业集聚区,抓好研发创新和补链成群,加快培育战略性新兴制造业集群。聚焦"高""新",培育内生新兴产业,发展先进制造业和高技术服务业,推动国家高新区发展技术含量高的产业,注重布局多格局产业空间,牵引带动其他区域产业发展。国家高新区还应积极建立基础性研究与应用研究、产品化转换、商业化生产相互衔接的体系,通过引进企业所属的研究机构,强化应用研究和生产能力,促进高新技术成果商品化、产业化。

第四,充分发挥国家高新区创新引擎作用。国家高新区在融入都市圈发展的过程中,应积极发挥科技、人才、产业等优势,成为都市圈新的经济增长极和创新驱动新引擎。首先,加强创新主体培育,加大高新技术企业、科技型企业孵化服务力度,加强工程技术研究中心、重点实验室、博士后科研工作站的培育引进工作,构建多层次科技服务人才培养体系。其次,提升技术创新转化能力,发挥国家高新区优势条件,加强对各类技术转移服务机构的培育力度,开展以市场为导向,多渠道、多层次的技术转移服务,并主动对接高校、企业等机构,组织实施高技术产业化重大专项,推动应用研究成果产业化。再次,培育高质量创新生态系统,打造创新、创业、创客、创投"四创联动"的主题街区和全国双创示范基地,建设苗圃、孵化器、加速器等覆盖创业全过程的孵化链条和服务体系;构建一流的创新创业生态园,推动国家高新区深度融入都市圈创新网络,超前开展未来产业技术开发,推动创新链与产业链精准对接。此外,还可以完善科技金融政策布局,建设金融创新联盟和科技金融创新中心,完善科技金融组织体系,大力发展商业性科技金融服务平台,拓宽适合科技创新发展的融资渠道。

第五,促进国家高新区创新链与产业链、服务链、资金链充分融合。通过国家高新区创新链与其他链条的深度融合,推动都市圈高质量发展。一是促进创新链与产业链融合。有效识别产业上下游的核心、关键以及共性技术,梳理出一批产业发展急需的关键技术和共性技术,形成技术创新链条;围绕产业链以协会、联盟等产业组织机构为纽带,整合各类研发机构、研发平台,推动各类研发机构进行网络化衔接。二是围绕创新链、产业链,构建服务链,强化科技创新向产业创新的转化能力,瞄准从技术到产品再到市场的研发、转化、产业化各环节,系统推进技术转移、知识产权、工业设计、检验检测、市场开发等各类科技服务机构建设。三是强化资金链建设,围绕产业链上下游相互关联的创新机构,构建形成创新平台建设资金支撑链条,围绕处于创新链不同环节的创新机构,支持其重点产品开发,形成从技术研发到产品产业化全过程的项目研发资金支撑链条。

第六，以国家高新区为平台提高都市圈开放水平。国家高新区应积极连接都市圈开放大通道，主动连接国际开放大通道。建立国际产业园区，国家高新区与发达国家共建国家合作产业园，开展包括产业合作、科研合作、技术转移、成果转化等在内的全方位合作。完善国际要素载体，建设承接重大外事活动、赛事的赋能载体，打造国际化社区，多方位满足国际人才生活需求。打造国际优质营商环境，对新产业新业态新模式实施包容审慎监管，加快实现营商环境向法治化国际化便利化的根本性转变。加快社会信用体系建设，构建以信用为核心的新型监管机制。搭建国际交往机制，放眼全球高端资源富集区域，依据国家高新区需求建立高端链接，争取实现交往机制突破，在双向离岸创新创业基地、企业海外研发中心等方面开展合作。国家高新区还应全力融入全球价值链，大力引进具有核心竞争力的国际项目，助力内资企业对外投资，提升高新技术企业出口，输出都市圈整体附加值。

第七，推动国家高新区与自贸区联动发展。实现国家高新区与都市圈区域内自贸区的联动发展，以自贸区的制度创新来促进国家高新区的科技创新。具体来讲，可通过发挥自贸区的优势，将制度创新、试点探索、优惠政策有机结合起来，使国家高新区能更好地利用人才、资本、技术等创新要素，构建更好的跨境研发体系，保障科研成果顺利转化，从而形成联动发展的机制，发挥"1+1>2"的乘数效应，实现以创新驱动引领都市圈发展。关键在于破除体制障碍，推动人才、资本、技术等创新要素的跨境流动，强化创新要素的境内外双向流动，以实现都市圈高质量科技创新发展。国家高新区与自贸区联动发展的具体落实依赖于能否成功探索两者良性的协作机制，这需要形成联动发展保障机制。应当建立国家高新区与自贸区的制度协同机制，比如资金投入协同机制、跨境研发便利化机制、利益共享协同机制、管理信息互通机制等。还应加强国家高新区与自贸区协作实施的组织保障，成立协同工作小组，具体制定与落实创新试点事项，编制联动发展的具体事项并组织落实。

7 国家高新区促进城市经济发展的实证分析

国家高新区是城市的重要组成部分,是城市经济增长的动力源。最早的科技园区诞生于20世纪中叶美国的硅谷,它在很短时间内创造了加速科技成果转化、促进高技术产业集中发展的奇迹,其独特的发展模式和旺盛的生命力迅速集聚了大量人口,空间上不断扩展与延伸,直接形成了城市化所具备的生产与生活功能。到了20世纪80年代,高新技术产业园区不仅在欧洲,而且在亚洲也蓬勃发展起来,显现出良好的发展势头。本章基于上一章关于城市群政策与国家高新区创新的论述,在回顾文献研究的基础上,着重从实证角度探讨国家高新区建设对城市经济发展的影响,旨在进一步探索两者之间的关系。

7.1 国家高新区建设与城市经济发展

7.1.1 国家高新区作用城市经济的正反效应

高新技术产业园区从兴建伊始,就通过改变区域不利的初始条件、发展集聚经济带动着城市经济的发展。国家高新区通过科技创新和集聚高新技术产业直接带动城市制造业产业发展(胡哲力等,2024);国家实施的区位导向性政策对城市产业的发展产生重要作用,并且这种作用会持续较长时间(Kline等,2013;Ehrlich等,2018)。同时,高新技术产业园区作为一种区域性导向政策,在促进区域经济发展的同时,也有助于缩小地区间经济发展差距(刘瑞明等,2015)。Alder等(2016)使用中国地级市数据进一步研究了地方的产业政策对经济发展的影响效应,结果发现国家级高新区的设立能够使生产总值增长约20%。张明斗等(2020)的实证研究也表明高新技术产业园区创新水平会显著促进区域经济增长。也有学者发现高新技术产业园区在促进城市创新水平提高和经济发展方面存在明显的区域异质性,其对中心城市和非中心城市的影响正好相反(王京雷等,2021)。同样,周国富等(2022)实证研究认为,在经济基础薄弱地区设立高新技术产业园区的政策效应明显优于在经济基础较好地区设立高新技术产业园区。

国家高新技术产业开发区是发展高新技术产业的综合经济功能区,国家高新区"以集群促发展"政策所进行的创新型产业集群建设能够明显提升所在城市的创新水平(张嘉望等,2023)。国家高新区通过加大科学技术支出和集聚大量人才资源促进了高端产业的发展,从而促进产业结构的优化。产业结构是经济发展的重要解释变量,生产要素的产业配置引起产业结构的演变,进而促进或者阻碍城市经济的发展。高新技术产业园区则通过优化产业结构,促进城市一二三产业协调发展和区域经济增长(Wang等,2022)。区域产业转型升级也需要依靠技术创新力量,在新常态经济发展背景下,产业发挥着支柱作用,这就迫切要求一个国家进行产业结构的优化升级。而在以上过程中,技术创新对产业转型升级发挥着重要作用(Zhu等,2021)。国家高新区科技创新发展恰好提供了产业转型升级所需要的技术力量,成为城市经济高质量发展的重要推动者。

然而,国家高新区对城市经济的发展可能存在负面效应。换言之,高新技术产业园区在促进城市经济增长中也存在着问题,之前一直被认为具有正向作用的区域导向性政策会造成资源的空间再配置。这意味着高新技术产业园区带动城市经济发展可能是以占有其他城市的资源为代价的,这并不利于区域协调发展和经济可持续增长(Ossa,2015)。甚至以国家高新区建设为代表的区域导向性政策不一定能够提高城市经济的发展质量,高新技术产业园区可能会导致"投资热"和产能过剩问题(刘继华等,2017)。

总体来看,国家高新技术产业园区在促进城市经济发展和创新发展方面具有重要作用,但也存在难以避免的问题。这些问题需要在新的时代情境下进一步验证,充分了解国家高新区建设的成效,并进一步完善国家高新区的创新驱动功能。中国高新技术产业园区对城市经济发展的贡献与问题并存,那么它的建设究竟是否促进了中国城市经济的发展? 如果答案是肯定的,那么高新技术产业园区设立在中国哪些城市更利于经济增长和区域平衡呢? 科学分析高新技术产业园区与中国城市经济发展之间的关系,既能对中国高新技术产业园区的功能做出客观评价,也对促进城市经济发展具有重要的指导意义和现实意义。

7.1.2 国家高新区促进城市经济发展的理论假设

虽然国家高新区作用城市经济存在双重效果,但根据以往研究发现,总体上以正向作用为主。内生经济增长理论认为,经济能够持续发展的根本动力之一就是技术创新(Laincz等,2006)。而国家高新技术产业园区集聚着各种创新要素,是城市创新的前沿高地,能够显著促进区域创新。此外,高新技术产业园区也有良好外部环境支持。国家高新技术产业园区企业开展创新活动,加快技术成果转化,需要政府持续出台一系列政策措施(王淑英等,2024)。这些政策逐步完善了产业园区的基础设施,对园区内高新技术产业给予优惠政策,极大地促进了园区创新能力的提升。配套基础设施的建立为关联产业的进一步集聚提供了基础,集聚之后的上下游产业能带来连锁的技术创新效应,成为经济增长的重要推动力(李强等,2007)。此外,相对于初始禀赋较好的地区,初始禀赋较差的地区往往会形成"路径依赖",陷入一种低水平的均衡,而这种情况又往往是其自身难以改变的。国家高新区作为一种区域发展的外部推力和牵引力,可以帮助落后地区极大程度地改变这种情况,促进区域均衡发展,并实现经济长期发展(曹清峰,2020)。基于此,可以认为,国家高新技术产业园区促进了城市区域的经济发展。

地区间的资源禀赋差异会导致区域导向性政策对城市经济的增长产生差异(Acemoglu等,2006)。由于各地区初始的资源禀赋条件不同,同一区域导向性政策对不同地区发挥的作用也不同。从城市发达程度看,经济较发达的城市在科学技术、政策环境、人力资本、产业基础等方面占据着优势地位,经济基础好;而经济欠发达城市在这些方面则存在着较大的缺口,创新资源较少,经济基础较差。根据边际效应递减的经济学原理,由于经济基础较好的城市自身的政策和高新技术产业园区相似,国家高新区在这些城市所产生的边际效应较小,对城市经济的促进作用可能不明显;而相比之下,经济欠发达城市在基础设施、地理位置等方面处于劣势,国家高新区在这些城市所产生的边际效应较大,高新区的设立对城市经济的促进作用可能比较明显(刘瑞明等,2015)。基于此,可以认为,国家高新技术产业园区促进城市经济增长的作用可能具有空间异质性。

7.2 实证模型和变量说明

7.2.1 模型设计

基于以上考虑,本章利用中国2002—2020年286个地级市的面板数据,运用双重差分法(DID)检验中国高新技术产业园区的设立是否会对城市经济发展产生显著的促进作用,进一步分析中国高新技术产业园区促进经济增长的地区差异,并进行作用机制的检验。

本章将国家高新技术产业园区的设立当作一项准自然实验,利用双重差分法来检验国家高新技术产业园区对城市经济发展的作用,而由于国家高新技术产业园区的设立具有时间差异性,传统的DID模型不满足要求,因此采用多时点DID模型,检验高新技术产业园区的设立对城市经济发展的作用。具体来说,设

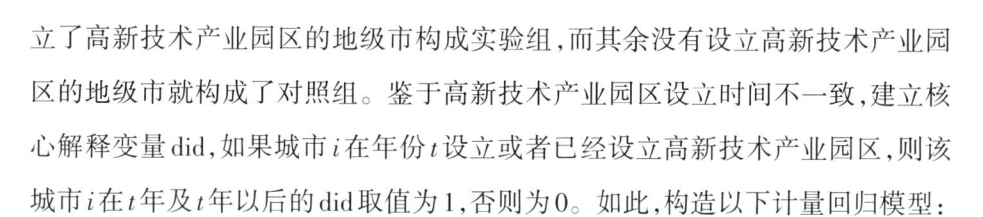

立了高新技术产业园区的地级市构成实验组,而其余没有设立高新技术产业园区的地级市就构成了对照组。鉴于高新技术产业园区设立时间不一致,建立核心解释变量did,如果城市i在年份t设立或者已经设立高新技术产业园区,则该城市i在t年及t年以后的did取值为1,否则为0。如此,构造以下计量回归模型:

$$\gamma_{it}=\alpha_0+\beta_1 \text{did}_{it}+\beta_2 Z_{it}+V_i+U_t+\varepsilon_{it} \tag{7.1}$$

其中下标i表示城市,t表示年份。γ_{it}为被解释变量,表示城市i在t年的经济发展水平。变量did为核心解释变量,即分组虚拟变量和分期虚拟变量的交互项。V_i表示城市个体固定效应,U_t为年份固定效应。Z_{it}为一系列控制变量。ε_{it}为扰动项。

7.2.3 变量与数据

被解释变量是城市经济发展水平。有研究选择用城市生产总值实际增长率来衡量城市经济发展水平(曹清峰,2020;Wang等,2022);考虑到各城市常住人口等个体因素可能存在较大差异,有研究也采用地区人均生产总值作为衡量城市经济发展水平的指标;刘瑞明等(2015)则选择地区实际生产总值的对数值和地区实际人均生产总值的对数值两个指标作为被解释变量。由于人均生产总值是衡量人民生活水平的一个标准,在一定程度上更能代表城市经济发展的真实水平,因此用人均生产总值的对数值来衡量城市经济发展水平。

核心解释变量是高新技术产业园区的设立did。根据国家高新区设立时间,将某一城市在当年设立或已经设立高新技术产业园区赋值为1,否则赋值为0。而如果高新技术产业园区确实对城市经济起到了促进作用,那么核心解释变量did的系数β_1就显著为正。此外,将产业结构作为中介变量来进行作用机制的检验,并以第二产业产值占地区产业总产值的比重来衡量产业结构质量。

为了更好地控制非核心解释变量对中国城市经济发展水平的影响,基于已有文献研究,选取以下5个影响城市经济发展的控制变量,主要包括:(1)教育水平。接受高等教育的人力资本在经济发展中具有重要意义(Fleisher等,2010),以普通高等学校在校学生数占年末户籍人口数的比重来度量教育水平。(2)外商投资水平。外商投资是经济高效发展的重要力量,它有效弥补了中国资本要素不足的经济短板。因此,以外商投资企业工业总产值占地区生产总值的比重来度量外商投资水平。(3)城镇化水平。城镇化水平和经济发展相互影响,城镇化水平会促进城镇经济的发展(王小鲁等,2004)。以非农业人口占年末户籍人口的比重来度量城市化水平。(4)第二产业发展水平。第二产业的发展有助于产业结构调整和升级,对国民经济的发展起着关键性作用。以第二产业增加值占GDP的比重来衡量第二产业的发展水平。(5)政府财政支出水平。政府作为社会经济活动的管理者,其财政资金投入对促进区域经济发展具有重要作用(刘朋朋,2022)。因此,以地方财政一般预算内支出占地区生产总值比重来衡量政府财政支出水平。数据主要来源于中国城市统计年鉴、中国火炬统计年鉴、各个地级市的统计年鉴、统计公报和国泰安数据库等相关统计资料,删除了数据缺失严重的地级市,而对于无法获取的数据,采用线性插值法进行补全。

7.3 实证结果及分析

7.3.1 基准回归分析

根据前文的设定,采用双向固定效应模型以中国286个地级市数据进行实证分析。表7.1为基准回归结果。表中(1)列是没有加入控制变量,仅仅控制了个体固定效应和年份固定效应的结果。(2)列是加入了一系列控制变量后的结果。从表中可以看出,加入控制变量前,高新技术产业园区对城市经济发展的影响系数为1.1850,并在1%的水平下显著;加入控制变量后,高新技术产业园区对城市经济发展的影响系数为0.6330,并在1%的水平下显著。虽然在加入控制变量后,影响系数有所下降,但显著性水平并未下降。因此,无论是否加入控制变量,结果都是在1%的统计水平上显著为正,这表明高新技术产业园区能够显著提升城市经济发展水平。

表7.1 高新技术产业园区对城市经济发展的作用

变量	(1)	(2)
did	1.1850*** (0.0251)	0.6330*** (0.0437)
edu		0.0007*** (7.78×10^{-5})
urban		1.0440*** (0.1230)
invest		0.1990*** (0.0837)
gov		0.0434*** (0.0066)
second		0.0106*** (0.0026)
constant	0.7060*** (0.0057)	−0.6200*** (0.1340)
个体固定效应	控制	控制
年份固定效应	控制	控制
R-squared	0.2300	0.5960

注：括号中的数据为标准差；*、**、***分别表示在10%、5%和1%显著性水平下显著。

7.3.2 稳健性检验

为了增加结果的说服力，进行稳健性检验。除了高新技术产业园区对经济发展的影响外，其他因素也可能影响城市经济发展水平。鉴于此，进行反事实检验，把政策影响时间提前2年，重新做回归分析。如果此时核心解释变量的系数显著为正，则城市经济发展水平的提高很有可能来自其他影响因素；而结果不显著，则城市经济发展的贡献来自国家高新技术产业园区的设立。表7.2中（1）列没有加入控制变量，此时高新技术产业园区对城市经济发展的影响系数为0.0159，结果并不显著；（2）列加入了一系列控制变量，此时高新技术产业园区对城市经济发展的影响系数为0.0423，系数虽然有所增大，但仍不显著。这说明城市经济发展水平的提高并不是来自其他因素,而是来自高新技术产业园区的设立。

表7.2 反事实检验结果

解释变量	(1)	(2)
L2did	0.0159 (0.0682)	0.0423 (0.0355)
gov		0.0501*** (0.0109)
invest		0.1860** (0.0889)
urban		1.0850*** (0.1840)
edu		0.0008*** (0.0001)
second		0.0185*** (0.0031)
constant	1.5070*** (0.0033)	−0.8270*** (0.1590)
个体固定效应	控制	控制
年份固定效应	控制	控制

注:括号中的数据为标准差;*、**、***分别表示在10%、5%和1%显著性水平下显著。

7.3.3 区域异质性检验

为了检验区域异质性,对中国东中西部地级市进行分类回归分析,表7.3为回归分析结果。在对东部地区的地级市进行回归分析时发现,在加入控制变量前,高新技术产业园区对城市经济发展的影响系数为1.1050,加入控制变量后,高新技术产业园区对城市经济发展的影响系数为0.6620,影响系数有所下降,但都在1%的水平下显著。在对中西部地区的地级市进行回归分析时,出现了同样的情况。因此,中国高新技术产业园区对东中西部城市经济发展都有显著的作用,但也有差异。而通过比较不同地区的影响系数,发现无论是否加入控制变量,中西部城市核心解释变量的系数都要高于东部地区的城市。这说明高新技术产业园区的设立对经济欠发达城市的经济发展起到更大的作用。因此高新技术产业园区的合理布局将有利于缩小城市经济差距,促进区域协调可持续发展。

表7.3 高新技术产业园区促进城市经济发展的区域异质性检验

解释变量	东部地区		中部地区		西部地区	
	(1)	(2)	(3)	(4)	(5)	(6)
did	1.1050*** (0.0371)	0.6620*** (0.0610)	1.1950*** (0.0323)	0.7420*** (0.0617)	1.3570*** (0.0711)	0.8590*** (0.1240)
gov		8.10×10^{-5}* (4.14×10^{-5})		-7.96×10^{-5}*** (2.95×10^{-5})		-0.0403*** (0.0065)
invest		0.1860* (0.1070)		0.1240 (0.1590)		1.1760* (0.6270)
edu		0.0006*** (0.0001)		0.0009*** (0.0001)		0.0008*** (0.0002)
urban		1.0550*** (0.1200)		1.9960*** (0.2070)		1.2840*** (0.2620)
second		0.0300*** (0.0043)		0.0135*** (0.0036)		0.0046 (0.0050)
constant	0.9930*** (0.0099)	-0.6600*** (0.1780)	0.6370*** (0.0073)	-0.1390 (0.1760)	0.4350*** (0.0121)	0.9850*** (0.2470)
个体固定效应	控制	控制	控制	控制	控制	控制
年份固定效应	控制	控制	控制	控制	控制	控制
R-squared	0.3100	0.6260	0.2150	0.5040	0.1810	0.5400

注:括号中的数据为标准差;*、**、***分别表示在10%、5%和1%显著性水平下显著。

7.4 结论与建议

本章以中国地级市为例研究了国家高新技术产业园区对城市经济发展的作用,得出以下结论:基准回归结果表明,高新技术产业园区能够显著促进城市经济发展水平的提升;区域异质性检验结果表明,相对于东部地区城市,高新技术产业园区更能够显著促进中西部地区城市的经济发展。基于以上结论,提出以下政策建议:鉴于国家高新技术产业园区对城市经济发展的促进作用,政府应该充分利用高新技术产业园区来促进城市经济发展,深入推进高新技术产业园区的建设,并积极鼓励高新技术产业园区和其他区域导向性政策实验的逐步探索和推广。由于某些城市所处地理位置、自然环境、经济基础等的差异,区域发展很不平衡,主要表现为沿海和内地之间的不平衡、城乡之间的不平衡等。而高新技术产业园区作为一项"政策实验",无疑为这些问题的解决提供了方案。落后地区经济发展空间较大,可以从高新技术产业园区的设立中获得发展机遇,从而快速成长。因此,国家应该做好顶层设计,深刻把握高新技术产业园区建设的规律,合理布局高新技术产业园区,以此缩小不同区域城市之间的经济差距,促进区域协调发展。

8　国家高新区推动都市圈创新发展的实证分析

随着中国经济增长及区域经济联系的增强,都市圈发展模式越发受到重视。2019年国家发展改革委发布《关于培育发展现代化都市圈的指导意见》(以下简称《指导意见》),标志着都市圈建设进入国家战略,全国都市圈发展进入重要机遇期。都市圈是城市群内部以超大特大城市或辐射带动功能强的大城市为中心、以1小时通勤半径为基本范围的城镇化空间形态,是城市群空间体系的具体化。相比城市群,都市圈更加重视经济内在的联系,是通过经济体之间的一体化,而非通过行政结合的形式,来推动整体区域的共同发展。

《指导意见》中提到,"统筹整合都市圈内新区、园区等各类平台,支持建设一体化发展和承接产业转移示范区,推动创新链和产业链融合发展",高新区作为各类开发区创新的高级形态,对于推动都市圈创新发展的意义重大。出于对国家政策号召的响应,以及对当地经济发展的双重考量,各地积极开展都市圈规划与建设,南京、杭州、合肥等地已陆续出台相关规划与行动计划。各地已经出台的都市圈规划,对国家级高新区如何参与都市圈创新发展进行了整体规划与布局,主要有以下三种参与形式:第一,发展战略性新兴产业,带动区域内创新集群的发展;第二,集聚创新高端要素,引领区域内科学发展与技术创新;第三,搭建合作平台,以园区共建、"飞地"模式等推动区域创新共同体的协同发展。

从21世纪初,中国部分发达地区就开始提出都市圈发展模式,并做了相应规划。虽然部分都市圈相关规划的出台时间较早,但由于都市圈更加强调基于交通基础设施一体化的全方位一体化发展,而从2008年世界金融危机后中国交通基础设施大规模开建,相邻经济体之间的交通一体化深入推进,同时得益于近年来中国经济的迅猛发展,城市间专业化分工持续加强。因此,中国都市圈近几年才真正发展起来。在都市圈蓬勃发展的过程中,高新区集聚了大量的生产要素与高端创新要素,对推动都市圈创新发展发挥了重要作用。然而国家高新区成立时间不一,存在创新发展水平参差不齐、整体创新效率不高等问题,还未能充分带动地方经济发展与创新能力提升。特别是,如果高新区与区域经济在互动水平与层次上存在差异,会不利于企业协作、知识溢出与技术转移,并明显阻碍创新的良性发展(Cummings,2003)。

国家高新区对区域创新发展的贡献与问题并存,那么国家高新区的设立是否有效推动了都市圈的创新发展,又是什么因素在影响国家高新区创新功能的发挥呢?科学分析国家高新区对都市圈创新发展的影响,既对高新区创新功能的评价具有客观价值,也对都市圈整合区域资源、实现创新发展具有重要的指导意义和现实意义。此处所指的都市圈创新是指在都市圈区域创新系统中某个时期内的创新产出水平,是关于国家高新区建设与都市圈创新产出水平关系的研究。基于此,本章首先基于双重差分的方法检验了国家高新区设立是否会对都市圈创新发展产生显著的促进作用,深入剖析是哪些因素在影响高新区对都市圈创新的功能发挥,并进一步分析高新区推动都市圈创新的城市等级异质性与区域分布异质性。

8.1 文献综述与机制分析

8.1.1 文献综述

国家高新区作为带动区域经济发展的有效政策工具,越来越受到学术界与政府决策者的青睐,其驱动区域发展的功能作用也得到普遍认可。学者们对高新区与区域经济系统之间的关系展开了大量研究,主要集中在以下三方面:一是分析检验国家高新区与所在城市经济系统之间存在的互动效应,从理论上分析了高新区与城市产业发展、城市化进程之间的互动关系(周波,2004),实证检验了高新区综合效率及其所在城市经济发展水平之间存在显著的正向反馈效应(马丽莎等,2015);部分学者利用耦合协调度模型测度了高新区发展水平与城市经济效率之间的耦合协调,结果表明两者的耦合协调度呈逐年上升趋势,且具有明显的空间分异特征(邵汉华等,2018;王进富等,2016);还有学者进一步指出,高新区与城市经济系统的互动结果,主要体现为高新区开发建设对城市生产总值总量和人均生产总值的显著促进作用(刘瑞明等,2015)。二是进一步聚焦国家高新区影响区域系统的何种要素。产业结构方面,王鹏等(2019)的研究表明高新区显著推动了城市产业结构的高级化和合理化进程,袁航等(2018)持不同观点,认为高新区仅提升了产业结构高度化的量,而未能全面推动产业结构高度化的质和产业结构合理化;对外贸易方面,杨畅等(2013)实证考察了高新区经营绩效与城市贸易水平之间存在显著的促进关系,唐诗等(2017)则认为高新区对企业出口结构的改善作用有限,但对相邻城市有明显的外溢作用;创新结构方面,杨忠泰(2008)认为国家级高新区等科技园区的快速发展为区域创新发展提供了良好的支撑平台,张林等(2019)研究发现国家高新区显著推动城市群向创新多中心空间结构模式演进,且通过缩小城市间知识密集型服务业发展水平差距显著强化了这一效应。三是深入分析高新区影响区域发展的机制原理。马有才等(2010)从系统动力学视角分析了高新区通过高新技术产业集群自主创新能力的提升来有效推动城市创新发展,谭静等(2018)的研究发现高新区主要是通过促进技术进步来影响地区全要素生产率增长的,赵新正等(2019)认为高新区通过区内大中型骨干企业在区域与全球生产网络中的分工与协作强化了不同城市之间的经济关联网络。以上研究表明高新区与区域经济系统之间存在较强的推动与拉升效应,并通过产业转型升级、企业分工协作、创新集聚扩散等,逐步形成与持续强化两者之间的关联网络。

都市圈创新是区域创新的一种具体表现形式,最早提出区域创新概念的是英国学者Cooke(1992),他认为区域创新系统的形成需要包括公共部门、大学、研究机构、企业等多主体的频繁互动,且在互动过程中能够依赖制度环境进行交互学习。Autio等(1998)将区域创新系统划分为知识生成与扩散子系统和知识应用与开发子系统,分别对应于私营部门(工业企业等)与公共部门(研究机构等)的交互活动,两者共同推动了区域创新系统的知识扩散。可见区域创新系统主要聚焦在要素构成与流动等方面,而由于都市圈创新本身也是区域创新的具体化,因此,两者具有贯通性。Meijers(2005)指出作为一个区域网络创新系统,都市圈创新系统是由内部结点(企业、科研机构、高校等)、结点之间的链接(关系网络、纽带)、流动要素(人才、物质、信息、资本)所构成的网络系统。首先,内部结点特指都市圈创新系统的创新主体,都市圈依赖于创新系统中不同创新主体(顾客、供应商、竞争者、大学、技术中心)的协同交互作用(Doloreux,2004),以及由此构成的企业自主创新、教育培训、公共研究等各类子系统的协同作用(施继元等,2009)。其次,结点之间的链接是都市圈创新系统的关系载体,各类创新主体以知识网络为纽带相互联系、相互依存(Cooke,2011),信任承诺机制等制度环境则为协同网络提供了创新"外溢效率"产生的条件(解学梅,2013)。再次,流动要素是都市圈创新系统发挥能效的内驱力量,尤以知识要素的流动最为关键,都市圈创新系统本质上就是创新组织基于知识要素所构建的一种非线性关系的网络系统(Diez,2002),并且知识生态能够显著作用于都市圈创新组织的创新活动(詹湘东等,2014;李迎成,2019)。除了理论分析之外,都市圈创新实践领域的研究也日益增多。一方面,学者们开始关注都市圈内部城市的协同创新,朱凯、李迎成等认为都市圈内部城市应从生产协同转向创新协同,并基于城市协作网络来提升创新效应(朱凯等,2014),郭斌指出应依托高科技产业园建立不同城市间园区层面的机构联动创新机制(郭斌,2016)。另一方面,学者们通过建立评价指标体系来测量都市圈的创新能力,丰志勇、金凤花等对国内主要都市圈的创新力及不均衡程度进行了测量(丰志勇,2012;金凤花等,2013),吕拉昌、王兴平等还通过构建城际创新联系指标体系测量了都市圈内部城市间的创新联系程度(吕拉昌等,2013;王兴平等,2015a)。

通过梳理相关文献可发现,一方面诸多研究将高新区作为创新资源集聚与技术扩散的重要平台,分析了高新区与城市经济系统间的互动关系,少量文献关注了高新区对城市群创新结构的影响,但这些研究的空间尺度或过于微观或过于宏观,鲜有文献从中观尺度的都市圈区域系统来分析高新区的创新功能。另一方面,都市圈创新系统的研究大多聚焦在系统构成、关系网络与能力评价等方面,还相对缺乏对特定创新主体如国家高新区的研究。学术界关于高新区与都市圈两者之间关系的研究还较为鲜见。在文献回顾基础上,可能的创新之处包括两方面:一是从中观区域创新系统的视角出发,聚焦都市圈创新发展,探索国家高新区对都市圈创新的推动作用。都市圈是比单个城市更复杂、比城市群更加注重经济联系的区域系统,国家高新区对都市圈创新的功能作用还需进一步研究。二是从影响机制的深度分析出发,关注管理体制活力、科技服务业集聚等因素,探索国家高新区推动都市圈创新发展的作用机理。管理体制活力与科技服务业集聚是影响高新区创新驱动与扩散能力的重要因素,两者在高新区推动都市圈创新中的功能极具研究价值。

8.1.2 作用机制与理论假设

内生经济增长理论指出技术创新是推动经济持续发展的根本动力(Laincz等,2006)。高新区的设立初衷就是通过集聚创新资源,大力发展高新技术,为地方创新驱动式发展持续提供动力。国家级高新区一般被定位为区域科技创新中心、产业创新中心,利用资源集聚与技术扩散能力,辐射带动周边区域发展。其辐射区域不仅限于周边区域,还能够通过自身的政策优势与技术优势,吸引更广泛区域创新主体的合作。一方面与其他地区开发区实现园区共建,共建跨区域产业园,进行多渠道多领域的合作(杜先进等,2017);另一方面地理位置相近的高新区,或形成连成片区的自主创新示范区,或组建高新区创新联盟,进一步强化对区域创新的技术扩散效应与产业支撑效应(王双,2017)。此外,国家级高新区为实现高质量发展与创新驱动发展,在积极构建创新生态链、打造创新生态圈的过程中,能够最大化高科技企业、高校、科研机构与大众创业力量的创新能力,并通过人才、知识要素在都市圈范围内的流动,将区域联动的发展格局推向深入。

据此,提出假设1:国家高新区的设立有助于推动都市圈区域创新的整体发展。

国家高新区作为地方政府发展经济,实现经济创新转型的重要载体平台,承担着地方创新发展的重任,是地方政府重点管理与服务的对象。地方政府通常作为重要的管理主体参与高新区事务管理,无论从规划制定,还是创新计划的落实,地方政府均积极参与高新区的各项活动。地方政府积极申报推进国家高新区建设的目的就是通过整合各个部门的力量来建立一种适宜技术创新与产业创新的管理体制,特别是当都市圈内的各层级政府、各职能部门实现多部门的高效协作时,能够为创新要素的流动提供便利条件,推动都市圈区域创新的整体性发展(程郁,2010)。而能否实现要素的高效流动依赖于地方政府的开放性与服务性程度,具备开放服务理念的政府往往更能够为高新区在都市圈内部实现区域创新要素的流动与创新生态的培育提供助力(张伯伟等,2017)。但都市圈内部城市政府间的信任机制与协同机制并不容易建立,囿于地方保护主义,非理性的创新竞争行为很容易导致技术协同困境(解学梅,2010)。都市圈内部城市区位类同,彼此间通常存在创新功能定位同质化、产业分工不明确、政策资源争夺激烈等特征,特别是当都市圈内部城市还未形成明显的分工时,地方政府间由于政绩压力更容易存在行政壁垒,严重影响创新一体化的深入推进(刘剑等,2017)。因此,要推动创新要素流动,就必须建立高度开放具有活力的政府管理体制。

据此,提出假设2:地方政府管理体制的内部活力对高新区推动都市圈创新发展的过程产生影响。

科技服务业集合了现代科技知识、技术开发经验知识,是优化产业结构和提升经济效率的重要新兴产业(贺正楚等,2024),并通过促进这些知识在企业与社会部门之间流动,为各类主体的科技创新提供技术服务和经验。因此,知识和技术扩散是科技服务业影响区域创新的主要方式,并体现在投入、开发、转化的创新全过程中(方齐,2015)。已有研究也表明,科技服务业集聚在区域创新与经济发展中居于基础地位,能够显著提升地区创新能力,是推动地区经济转型不可或缺的力量(张清正等,2015);科技服务业企业作为高端的知识密集型企业,向创新主体输出知识和技术服务,从而服务区域创新水平的提高(朱文涛等,2017)。高新区作为创新要素集聚地与科技研发基地,是都市圈创新系统的核心引擎。但高新区对周边区域的创新辐射功能强弱并非一成不变,随着空间距离的增大,高新区与远距离区域的创新要素流动逐渐减少,相应地对周边区域的创新辐射效应也逐步减弱。因此,空间距离成了高新区带动都市圈整个区域创新发展的重要障碍。科技服务业促进知识和技术扩散的能力,则能够在一定程度上克服高新区创新辐射的距离递减效应。一方面,科技服务业通过向高新区集聚,自身的创新服务能力得到提升,进一步丰富和增强高新区的创新引领功能;另一方面,科技服务业通过频繁与外界的知识学习与经验借鉴,促进了高新区与其他区域的知识与技术交流,高新区技术要素的扩散范围得到扩大。因此,科技服务业在都市圈创新系统中扮演着转换器和桥梁的角色,不仅能够提升高新区自身的创新能力,还能够通过空间溢出效应促进不相邻地区的创新能力提升(施卫东等,2011)。

据此,提出假设3:科技服务业通过知识和技术扩散,降低高新区创新辐射的空间距离衰减,有利于强化高新区对都市圈创新的推动作用。

8.2 模型选择与变量说明

8.2.1 模型选择

采用双重差分法检验国家高新区设立对都市圈创新发展的影响,并参照《中国都市圈发展报告 2018》划定的都市圈范围(由于数据缺失,剔除乌鲁木齐与西宁都市圈），中国共有31个都市圈，包含136个城市，涉及97个国家级高新区（尹稚，2019）。但是由于存在一个地级市拥有多个国家级高新区的现象，因此，97个国家级高新区并非对应97个城市。经过比对，97个国家级高新区分布在90个城市中。这提供了一个良好的准自然实验，获批设立国家级高新区的地级市作为处理组，未设立高新区的城市作为对照组。

由于获批设立国家高新区的时间不同，依据获批设立国家高新区的时间，设置highpolicy变量。构造如下计量模型来检验国家高新区这一政策变量对都市圈创新发展的影响：

$$\text{creativity}_{it} = \alpha + \beta_1 \text{highpolicy}_{it} + \sum \beta_j \text{control}_{it} \tag{8.1}$$

式（8.1）中，下标i表示城市，t表示年份，creativity是被解释变量，表示都市圈城市i在t年的创新水平。highpolicy为核心解释变量，代表城市i在t年是否批准设立了国家级高新区。control表示一系列随时间变动的、影响都市圈创新水平的控制变量。α是常数项。系数β_1是关注的核心参数，表示国家高新区影响都市圈创新水平的效应，如果国家高新区这一外生制度安排的确推动了都市圈创新发展的话，那么β_1的系数应该显著为正。

为检验假设2和假设3，管理体制与科技服务业在高新区影响都市圈创新发展中的调节效应，将核心解释变量与控制变量的交互项纳入模型之中，以检验作用机制是否成立，构建如下计量模型：

$$\text{creativity}_{it} = \alpha + \beta_1 \text{highpolicy}_{it} + \beta_2 \text{system}_{it} + \beta_3 \text{highpolicy}_{it} \times \text{system}_{it} + \sum \beta_j \text{control}_{it} \tag{8.2}$$

$$\text{creativity}_{it} = \alpha + \beta_1 \text{highpolicy}_{it} + \beta_2 \text{stservice}_{it} + \beta_3 \text{highpolicy}_{it} \times \text{stservice}_{it} + \sum \beta_j \text{control}_{it} \tag{8.3}$$

式（8.2）中，system表示国家高新区所处行政区政府的管理体制活力，式（8.3）中，stservice表示国家高新区所处环境中科技服务业的发展水平。其他各项的含义与模型（8.1）相同，模型中的交互项系数β_3是关注的另一个核心参数，即调节效应的强弱。

8.2.2 变量说明

目前学术界衡量城市创新水平时,大多直接采用专利申请量、发明专利申请量、专利授权量、专利有效量等指标来代表城市的创新产出能力。利用创新产出端的专利数据来衡量城市创新水平,避免了同时使用创新投入与创新产出数据时可能产生的信息重复问题,同时这些指标数据或来源于统计年鉴,或来源于国家知识产权局专利检索系统。因此,采用这些指标衡量城市创新水平既简单有效,又容易获取。参考大多文献做法,采用专利申请量作为核心解释变量进行模型检验。

核心解释变量为国家高新区虚拟变量(highpolicy)。都市圈中获批建设国家高新区的城市构成研究的处理组,其余城市构成研究的对照组。将都市圈中拥有国家高新区的城市赋值为1,其余城市赋值为0。结合处理组城市获批设立国家高新区年份的不同,根据中国火炬统计年鉴将高新区获批当年及其以后年份设置为1,获批之前设置为0。然后生成核心解释变量highpolicy。

在机制检验的解释变量中,其一,假设认为地方政府管理体制的内部活力对高新区推动都市圈创新发展的过程产生显著影响,参照肖攀等(2013)的做法,用城镇私营和个体从业人员占城镇从业人员的比重,作为代理变量,衡量地方政府管理体制的活力。其二,假设认为科技服务业通过知识和技术扩散,降低高新区创新辐射的空间距离衰减,有利于强化高新区对都市圈创新的推动作用,参照谢臻等(2018)的做法,用科学研究、技术服务业从业人员占地区总从业人员比重作为代理变量,衡量区域内科技服务业的发展水平。

关于控制变量,参考已有文献,影响都市圈创新发展的控制变量主要包括:外资利用水平,用实际使用外资占地区生产总值的比重来测量;政府科技支持,用科学技术支出占公共财政支出的比重来测量;投资建设环境,采用固定资产投资占地区生产总值的比重来测量;人力资本水平,用普通高等学校在校学生数占地区年平均人口数的比重来测量;文化资本水平,用人均公共图书馆图书总藏量来测量(张林等,2019)。变量名称与计算方法见表8.1。

表8.1 变量名称与计算方法

变量类别	变量名称	计算方法
被解释变量	都市圈城市创新水平(creativity)	专利申请量(万件)
解释变量	国家级高新区(highpolicy)	虚拟变量(0,1)
	管理体制活力(system)	城镇私营和个体从业人员占城镇从业人员的比重(%)
	科技服务业发展水平(stservice)	科学研究、技术服务业从业人员占地区总从业人员的比重(%)
控制变量	外资利用水平(open)	实际使用外资占地区生产总值的比重(%)
	政府科技支持(govtec)	科学技术支出占公共财政支出的比重(%)
	投资建设环境(coninv)	固定资产投资占地区生产总值的比重(%)
	文化资本水平(culture)	人均公共图书馆图书总藏量(册/人)
	人力资本水平(human)	普通高等学校在校学生数占地区年平均人口数的比重(%)

采用136个城市、97个国家级高新区的面板数据研究国家级高新区对都市圈创新发展的影响。数据主要来源于历年中国城市统计年鉴和中国火炬统计年鉴，少量数据通过查阅地方统计年鉴、地方年鉴或地方政府统计公报进行填补。变量的描述性统计见表8.2。

表8.2 变量描述性统计

变量名称	样本量	均值	标准差	最小值	最大值
creativity	1496	1.2571	2.4730	0.0010	22.8608
highpolicy	1496	0.5167	0.4999	0.0000	1.0000
system	1496	0.4753	0.1291	0.0493	0.8824
stservice	1496	0.0492	0.0443	0.0012	0.2904
open	1496	0.0034	0.0032	0.0000	0.0299
govtec	1496	0.0191	0.0172	0.0007	0.1627
coninv	1496	0.7273	0.2685	0.0061	1.8397
culture	1496	0.7264	1.0841	0.0078	9.8950
human	1496	0.0256	0.0289	0.0000	0.1446

8.3 实证结果及分析

8.3.1 国家高新区对都市圈创新的作用检验

采用混合回归与个体固定效应模型检验国家高新区对都市圈创新的净效应,具体回归结果见表8.3。模型1与模型2分别是混合回归中加入控制变量前与加入控制变量后的结果,加入控制变量前国家高新区对都市圈创新的影响系数为1.9773,并在1%的水平下显著,加入控制变量后影响系数变为0.4677,仍然在1%水平下显著。由于都市圈城市数量较多,为控制由于个体带来的差异,进行固定效应模型检验,模型3与模型4显示了固定效应模型的结果,加入控制变量后,影响系数由0.5755变为0.1941,显著性水平也由1%变为10%。虽然在加入控制变量,以及进行固定效应检验后,影响系数和显著性水平有所下降,但整体而言,国家高新区成立变量对都市圈创新变量具有较为显著的促进作用,说明高新区的设立,对都市圈内部城市的创新具有积极影响。

控制变量的结果显示,选取的控制变量对都市圈创新同样具有影响,但影响作用在混合回归与固定效应回归模型中的差异略有不同。其中外资利用水平在混合回归中的系数为12.2715,没有通过显著性检验,在固定效应回归模型的影响系数为-74.0764,且在1%水平下显著,表明外资利用水平的提高可能带来激烈的外部竞争环境,抑制了都市圈创新发展;文化资本水平表现出同样的影响效果。而政府科技支持、投资建设环境、人力资本水平等则在固定效应模型中表现出正向的影响作用,且政府科技支持与人力资本水平的显著性水平达到了1%,表明两者对都市圈创新具有显著的促进作用。

表8.3 国家高新区对都市圈创新作用的基准模型检验

解释变量	模型1	模型2	模型3	模型4
highpolicy	1.9773***	0.4677***	0.5755***	0.1941*
	(0.1136)	(0.0843)	(0.1105)	(0.1143)
open		12.2715		−74.0764***
		(19.4694)		(22.1910)
govtec		64.8800***		57.4343***
		(8.5709)		(17.1995)
coninv		−0.6971***		0.1892
		(0.1703)		(0.1783)
culture		0.6190***		0.0189
		(0.1186)		(0.0565)
human		2.3319		39.0714***
		(2.2952)		(12.9289)
_cons	0.2354***	−0.2713*	0.9597***	−0.8406**
	(0.0156)	(0.1459)	(0.0571)	(0.4013)
固定效应	NO	NO	YES	YES
N	1496	1496	1496	1496
adj. R^2	0.1597	0.5220	0.1597	0.3354

注：括号中的数据为标准差；*、**、***分别表示在10%、5%和1%显著性水平下显著。

8.3.2 "中心—非中心"城市异质性检验

都市圈以超特大城市或具有较强辐射功能的大城市为核心，外围非中心城市以圈层形态分布，中心城市与非中心城市协作分工，共同构成都市圈的城镇空间与生产空间体系。中心城市具有向外围非中心城市创新辐射的功能，通过形成创新共同体引领非中心城市创新发展，同时也可能虹吸非中心城市的资源，加快创新资源向中心城市集聚，形成强大的创新极核。高新区的设立加快了都市圈资源的集聚与扩散，其是否对中心与非中心城市具有相同的创新推动作用需要进行检验。

将中心城市与非中心城市进行分类，按照前文设置的模型分别进行检验，结果见表8.4。模型5与模型7显示，在未加入控制变量时，影响系数均为正，且在

1%水平下显著。然而模型6与模型8显示，在加入控制变量后，影响系数发生明显变化。中心城市的高新区设立影响系数为负，在5%水平下显著，数据结果表明中心城市的高新区设立对中心城市创新具有显著的负向作用。非中心城市的高新区设立影响系数则在5%水平下显著为正，影响系数为0.2459，表明国家高新区的设立显著促进了非中心城市的创新。这一结果并非否认国家高新区在中心城市创新中的功能，由于中心城市成立高新区的时间普遍早于非中心城市，其创新能力原本就处于较高水平，通过与非中心城市高新区的创新协作显著带动了非中心城市的创新发展，从而带动了整个都市圈的创新发展，这恰恰表明都市圈内部高新区创新协作所具有的良性状态。

表8.4 国家高新区对都市圈创新的"中心—非中心"城市异质性检验

解释变量	中心城市		非中心城市	
	模型5	模型6	模型7	模型8
highpolicy	0.1988***	−0.5364**	0.5938***	0.2459**
	(0.0317)	(0.2045)	(0.1047)	(0.1036)
	(0.0256)	(0.2505)	(0.1152)	(0.1156)
open		−154.4552*		−55.7893***
		(76.8607)		(20.9458)
govtec		109.9481***		30.2071**
		(25.5429)		(11.9067)
coninv		0.3817		0.2540**
		(1.3143)		(0.1229)
culture		−0.0700		0.1547
		(0.0861)		(0.0964)
human		26.8180*		62.4775***
		(14.4667)		(22.0503)
_cons	2.9138***	−0.7901	0.4845***	−0.7792**
	(0.0250)	(1.1781)	(0.0439)	(0.2997)
固定效应	YES	YES	YES	YES
N	341	341	1155	1155
adj. R^2	0.0158	0.2451	0.1447	0.3842

注：括号中的数据为标准差；*、**、***分别表示在10%、5%和1%显著性水平下显著。

8.3.3 区域异质性检验

已有研究表明,不同区域的高新区创新水平具有显著差异(姜彩楼等,2009)。同时,由于不同区域的都市圈在经济联系、协作水平、交通互联等方面具有明显区别,导致要素集聚扩散的水平参差不齐。相对而言,相对发达区域的都市圈内部经济联系更加紧密,创新活动更加活跃,内部城市高新区的协作互动更可能产生较高的创新绩效。中国地域辽阔,东中西部都市圈发展水平不一,高新区的设立可能对不同区域都市圈创新的推动作用不同。

为检验这一构想,按照都市圈中心城市所处的区域,将都市圈划分为东、中、西部都市圈。由于中、东部都市圈发展水平明显高于西部都市圈,中、东部都市圈大多为成熟发展型都市圈,而西部都市圈仍处于培育期(尹稚,2019)。因此,将中、东部都市圈划为一类,西部都市圈单独为一类,分别检验高新区设立对两大区域都市圈创新推动作用的差异。结果见表8.5。

表8.5 国家高新区对都市圈创新的区域异质性检验

解释变量	中东部都市圈		西部都市圈	
	模型9	模型10	模型11	模型12
highpolicy	0.7206***	0.2918**	0.1550***	−0.0943
	(0.1398)	(0.1359)	(0.0312)	(0.0894)
open		−76.9353***		−28.3141
		(24.1727)		(48.3161)
govtec		56.5528***		59.8444*
		(18.7851)		(30.7802)
coninv		0.2728		0.0492
		(0.2718)		(0.1568)
culture		0.0087		−0.0146
		(0.0656)		(0.1008)
human		60.6457***		18.6773***
		(20.3454)		(5.7183)
_cons	1.1027***	−1.4171**	0.5179***	−0.3926
	(0.0770)	(0.6078)	(0.0132)	(0.3078)

续表

解释变量	中东部都市圈		西部都市圈	
	模型9	模型10	模型11	模型12
固定效应	YES	YES	YES	YES
N	1100	1100	396	396
adj. R^2	0.1604	0.3017	0.1442	0.1947

注:括号中的数据为标准差;*、**、***分别表示在10%、5%和1%显著性水平下显著。

模型9与模型11显示,虽然未加入控制变量时,中东部都市圈与西部都市圈的影响系数均为正,且均通过1%的显著性检验,但前者的影响系数明显高于后者。在加入控制变量后,模型拟合度更优。模型10显示,中东部都市圈的影响系数仍然为正,为0.2918,在5%水平下显著;但模型12显示,西部都市圈的影响系数为-0.0943,没有通过显著性检验,表明高新区的设立在一定程度上抑制了西部都市圈创新水平的整体提升。这可能是因为西部地区交通互联互通的水平不高,城市密度也低于中东部都市圈,创新要素有效流动的困难更大。此外,由于西部地区本就不够发达,高新区的设立对所在城市是重大发展机遇,但同时会对周边地区产生强烈的虹吸效应,不利于都市圈全域创新水平的提升。

8.3.4 调节变量机制检验

国家高新区对都市圈创新的调节机制检验结果见表8.6。模型13与模型14显示,虽然加入控制变量后,管理体制活力与高新区设立变量的交互项显著性水平与影响系数有所下降,但仍在10%水平下保持显著的正向关系。这表明提高都市圈城市政府的体制活力,能够一定程度上为要素自由流动提供便利,推动都市圈创新协作水平与产出水平。现实中,都市圈内部城市往往都会主动成立相关机构或建立联动机制,通过建立多个高新区之间的创新联盟或创新共同体,推动城市间高新区进行高效协作,实现创新的联动融合发展。模型15与模型16显示,科技服务业集聚与高新区设立变量的交互项均通过了1%水平的显著性检验,在加入控制变量后,影响系数更大,模型的拟合度更优,说明科技服务业集聚能够显著推动都市圈创新水平的提升。

表8.6　国家高新区对都市圈创新的调节机制检验

解释变量	管理体制活力		科技服务业集聚	
	模型13	模型14	模型15	模型16
system×highpolicy	2.0644**	1.3910*		
	(0.9010)	(0.7720)		
stservice×highpolicy			12.1101***	14.0423***
			(3.6440)	(2.9075)
_cons	0.8158***	−0.8627**	−0.5708***	−0.4566***
	(0.1720)	(0.4053)	(0.1147)	(0.1487)
控制变量	NO	YES	NO	YES
固定效应	YES	YES	YES	YES
N	1496	1496	1496	1496
adj. R^2	0.1554	0.3451	0.2945	0.5940

注：括号中的数据为标准差；*、**、***分别表示在10%、5%和1%显著性水平下显著。

8.3.5 稳定性检验

采用替换指标的方式进行稳定性检验，以不同的指标来衡量都市圈创新发展水平。学术界除利用专利申请量衡量区域创新水平外，常用的还有专利授权量，因此以专利授权量替代专利申请量作为衡量都市圈创新水平的度量指标。以专利授权量作为被解释变量，代入构建的模型进行稳定性检验，结果如表8.7。

表8.7　国家高新区对都市圈创新的稳定性检验

解释变量	基准模型检验	机制检验	
	模型17	模型18	模型19
highpolicy	0.0997		
	(0.0609)		
system×highpolicy		0.6641*	
		(0.3813)	
stservice×highpolicy			6.2377***

续表

解释变量	基准模型检验	机制检验	
	模型17	模型18	模型19
			(2.0887)
_cons	−0.3976*	−0.4336**	−0.3423***
	(0.2126)	(0.2143)	(0.0641)
控制变量	YES	YES	YES
固定效应	YES	YES	YES
N	1496	1496	1496
adj. R^2	0.3230	0.3335	0.2430

注:括号中的数据为标准差;*、**、***分别表示在10%、5%和1%显著性水平下显著。

模型17是对基准模型,即国家高新区对都市圈创新作用的稳定性检验,在采取变量控制及固定效应的前提下,国家高新区设立与都市圈创新水平虽然未通过显著性检验,但仍然呈现正向关系。模型18与模型19分别是对管理体制活力与科技服务业集聚的调节机制检验,结果显示管理体制活力变量与高新区成立的交互项与都市圈创新水平同样在10%显著性水平下保持正向关系,科技服务业集聚与高新区成立的交互项与都市圈创新水平在1%显著水平条件下仍然保持正向关系。因此,提出的假设依然成立。

8.4 结论与建议

本章利用中国31个都市圈136个地级市面板数据,采用双重差分方法分析了国家高新区设立对都市圈创新的影响。主要研究结论如下:其一,整体性检验结果表明,国家高新区显著促进了都市圈创新水平的整体提升;其二,城市异质性检验结果表明,存在明显的"中心—非中心"城市异质性,国家高新区对中心城市的创新具有负向作用,但对数量占较大比例的非中心城市创新具有显著的正向作用;其三,区域异质性检验结果表明,国家高新区对中东部都市圈创新具有显著的积极影响,但对西部都市圈创新具有负向影响;其四,机制检验结果表明,管理体制活力、科技服务业集聚对高新区与都市圈创新之间的关系存在正向的推动作用,两者均显著强化了国家高新区在都市圈创新中的功能。

研究获得了启示性的结论,但囿于客观条件限制,结论仍有待深化。一方面,都市圈的划定范围不够精准,在当前国家及地方均未明确都市圈范围以及统计体系限制的条件下,以地级市行政区域划分都市圈的方式虽然略显粗略,可能对结果造成一定干扰,但却是在现有条件限制下最大努力的研究尝试。另一方面,都市圈特别强调内部主体协同创新,创新共同体的形式有利于推动创新协同发展,然而受限于高新区之间合作资料的难以获取,未对国家高新区协同如何影响都市圈创新展开研究。未来,或可基于以上两点,从精准划定都市圈范围与注重高新区协同两方面继续深化研究。

虽然国家高新区对都市圈创新的影响具有复杂性,但整体而言,国家高新区的设立有助于都市圈创新水平的整体提升。为进一步强化国家高新区对都市圈创新的积极作用,结合研究结论,提出以下对策建议:加强国家高新区建设,加快批准成熟的地方高新区升级为国家高新区,以加快建设国家高新区的方式促进都市圈创新发展;针对不同等级城市高新区采取差异化措施,突出中心城市国家高新区的创新驱动地位,强化非中心城市国家高新区的创新引领功能,在不同等级梯队城市高新区之间建立合作关系,推动都市圈创新协同发展;针对不同区域高新区采取差异化措施,继续强化中东部都市圈高新区的创新辐射功能,优化西部都市圈高新区的创新扩散功能,探索推动不同发展等级都市圈创新发展的路径;进一步释放管理体制活力,壮大科技服务业规模,为高新区发挥推动都市圈创新发展的作用提供良好环境,全方位强化国家高新区支撑区域创新的能力。

参考文献

白雪洁,闫文凯,孙溪悦.源于区位与城市政治级别差异的经营效率及创新效率背反——基于SBM模型的我国国家级高新区效率解构[J].科技进步与对策,2014,31(9):28-33.

柏必成.改革开放以来我国住房政策变迁的动力分析——以多源流理论为视角[J].公共管理学报,2010,7(4):76-85.

蔡庆丰,陈熠辉,林海涵.开发区层级与域内企业创新:激励效应还是挤出效应?——基于国家级和省级开发区的对比研究[J].金融研究,2021(5):153-170.

曹清峰.国家级新区对区域经济增长的带动效应——基于70大中城市的经验证据[J].中国工业经济,2020(7):43-60.

陈洪转,舒亮亮.基于DEA模型的我国高新技术产业园区投入产出效率评价[J].科学学与科学技术管理,2013,34(4):104-109.

陈胜蓝,刘晓玲.生产网络中的创新溢出效应——基于国家级高新区的准自然实验研究[J].经济学(季刊),2021,21(5):1839-1858.

陈修颖,汤放华.城乡一体化背景下地方府际关系重构与政府职能转型[J].经济地理,2014,34(12):78-84.

陈翼然,张亚蕊,张瑞,等.开发区政策的升级与叠加对创新的作用效果研究[J].中国软科学,2021(10):92-102.

程郁.论创新经济下的联合治理[J].科学学研究,2010,28(10):1555-1563.

邓君,马晓君,毕强.社会网络分析工具Ucinet和Gephi的比较研究[J].情报理论与实践,2014,37(8):133-138.

豆士婷,刘佳,庞守林.科技政策组合的技术创新协同效应研究——供给侧—需求侧视角[J].科技进步与对策,2019,36(22):118-126.

杜先进,彭晓靖.安徽省高新区区域联动分析与对策研究[J].管理现代化,2017,37(2):35-37.

方齐.科技服务业服务创新过程与绩效关系实证研究[J].科学学与科学技术管理,2015,36(9):117-125.

丰志勇.我国七大都市圈创新力比较研究[J].南京社会科学,2012(5):9-14.

高杰,丁云龙.基于科学计量的创新研究群体合作网络构型可视化分析[J].科技进步与对策,2018,35(7):9-17.

郭斌.京津冀都市圈科技协同创新的机制设计——基于日韩经验的借鉴[J].科学学与科学技术管理,2016,37(9):37-48.

贺正楚,蔡湘杰,潘为华.数字经济、科技服务业的协同发展及区域协同效应[J].科研管理,2024,45(3):133-142.

侯志峰.政策联盟的注意力配置、互动策略与社会政策变迁——基于甘肃农村低保政策的分析个案[J].甘肃行政学院学报,2019(2):45-51.

胡树华,解佳龙,牟仁艳,等.国家高新区竞争力空间动态差异研究[J].科技进步与对策,2013,30(11):29-33.

胡哲力,廖桂铭,吴滨.高新技术产业集聚与制造业核心竞争力——以国家高新区建设为例[J].经济问题探索,2024(7):104-118.

黄萃,任弢,李江等.责任与利益:基于政策文献量化分析的中国科技创新政策府际合作关系演进研究[J].管理世界,2015(12):68-81.

纪陈飞,吴群.基于政策量化的城市土地集约利用政策效率评价研究——以南京市为例[J].资源科学,2015,37(11):2193-2201.

加里·李贝卡.产权合同中的分配问题[M]//科斯,阿尔钦,诺斯,等.财产权利与制度变迁——产权学派与新制度学派译文集.刘守英,等译.上海:上海人民出版社,1994.

姜彩楼,徐康宁.区位条件、中央政策与高新区绩效的经验研究[J].世界经济,2009(5):56-64.

金凤花,富立友,余光胜.都市圈创新能力发展不均衡程度的测度方法研究[J].科技管理研究,2013,33(13):241-244.

康伟,陈茜,陈波.公共管理研究领域中的社会网络分析[J].公共行政评论,2014,7(6):129-151.

旷宗仁,梁植睿,左停.中国农业科技创新政策目标设定与实现情况分析[J].华南农业大学学报(社会科学版),2012,11(2):59-68.

李建军.内蒙古科技创新政策实施问题研究[D].呼和浩特:内蒙古师范大学,2019.

李金龙,乔建伟.改革开放以来出租车行业政府规制政策变迁及其启示——以倡议联盟框架为视角[J].中国行政管理,2019(12):80-86.

李琳,曾伟平.高新技术产业集聚提升中国绿色创新效率了吗?[J].当代经济管理,2021,43(2):48-56.

李强,韩伯棠.中国高新技术产业园区产业集聚测度体系研究[J].中国管理科学,2007(4):130-137.

李文钊,庞伟,吴珊.中国预算变迁遵循间断-均衡逻辑吗?——基于2007—2019年中国财政预算数据的实证研究[J].公共行政评论,2019,12(5):12-27.

李文钊.政策过程的决策途径:理论基础、演进过程与未来展望[J].甘肃行政学院学报,2017(6):46-67.

李迎成.大都市圈城市创新网络及其发展特征初探[J].城市规划,2019,43(6):27-33.

廉军伟.都市圈协同发展理论与实践[M].杭州:浙江工商大学出版社,2016.

梁彦清,刘伟鹏.总体报酬对员工创新绩效的影响机制研究——基于层级回归与fsQCA的分析[J].贵州财经大学学报,2019(2):42-49.

林剑铭,夏丽丽,蔡润林,等.中国高新技术产业开发区的知识基础及其创新效应——基于国家级高新区上市企业的研究[J].地理研究,2021,40(2):387-401.

刘海洋,孔祥贞,汤二子.基于微观异质性的新新经济地理研究[J].财经科学,2012(4):62-71.

刘会武,赵祚翔,马金秋.国家高新区高质量发展综合性评价测度与趋势收敛检验[J].科学学与科学技术管理,2021,42(6):66-80.

刘继华,荀春兵.国家级新区:实践与目标的偏差及政策反思[J].城市发展研究,2017,24(1):18-25.

刘剑,陶应虎.城市群创新一体化发展难点与对策建议——以苏南国家自主创新示范区为例[J].经济纵横,2017(4):91-95.

刘军辉,安虎森.欠发达地区开放政策取向研究:一体化还是差别化?——基于新经济地理学视角[J].西南民族大学学报(人文社科版),2016,37(12):131-136.

刘开君.公共政策变迁间断-平衡模型的修正及应用——兼论新中国科研政策变迁的渐进与突变规律[J].北京社会科学,2016(11):112-120.

刘力,徐逸伦.基于政策测量的空间政策影响评价——以南京市为例[J].城市问题,2017(6):96-103.

刘朋朋.高质量发展背景下政府经济发展职能绩效水平特点——基于317个地市级政府绩效评估结果的分析[J].重庆社会科学,2022(4):24-39.

刘瑞明,赵仁杰.国家高新区推动了地区经济发展吗?——基于双重差分方法的验证[J].管理世界,2015(8):30-38.

刘秀玲,谢富纪,王海花.政策组合视角下的区域创新政策分析——以东北地区为例[J].软科学,2019,33(4):6-10.

陆军,毛文峰,聂伟.都市圈协同创新的空间演化特征、发展机制与实施路径[J].经济体制改革,2020(6):43-49.

吕拉昌,谢媛媛,黄茹.我国三大都市圈城市创新能级体系比较[J].人文地理,2013,28(3):91-95.

吕燕.我国促进企业技术创新政策失灵问题研究——基于政策目标价值取向的测量设计与分析[J].中国行政管理,2014(12):104-109.

马捷,锁利铭.城市间环境治理合作:行动、网络及其演变——基于长三角30个城市的府际协议数据分析[J].中国行政管理,2019(9):41-49.

马丽莎,钟勇.高新技术开发区综合效率与城市经济发展互动效应研究[J].经济体制改革,2015(3):68-75.

马有才,赵映超,杨洋.高新技术产业集群与创新型城市建设的互动发展——基于系统动力学的角度[J].科技进步与对策,2010,27(18):50-53.

迈克尔·豪利特,M.拉米什.公共政策研究:政策循环与政策子系统[M].庞诗,等译.北京:生活·读书·新知三联书店,2006.

孟维站,徐喆,刘宇佳,等.我国科技政策组合特征对高技术产业创新效率的分阶段影响[J].经济问题,2019(6):49-54.

彭纪生,仲为国,孙文祥.政策测量、政策协同演变与经济绩效:基于创新政策的实证研究[J].管理世界,2008(9):25-36.

任晓.都市圈空间优化与产业转型比较研究[M].上海:上海社会科学院出版社,2015.

桑秋,修春亮.都市圈政策浅析[J].城市发展研究,2003(4):55-59.

邵汉华,周磊.国家高新区与城市经济效率的时空耦合协调研究[J].科技进步与对策,2018,35(14):36-42.

盛丹,张国峰.开发区与企业成本加成率分布[J].经济学(季刊),2018,17(1):299-332.

施继元,高汝熹,罗守贵.都市圈创新效应原因探析——基于都市圈创新系统的视角[J].软科学,2009,23(3):55-60.

施卫东,朱俊彦.知识密集型服务业在国家创新体系中的创新扩散模式研究——基于网络分析的视角[J].研究与发展管理,2011,23(1):54-61.

施贞怀,赵浩云,沈瑶.开发区出口产业筛选机制:产业规划还是集聚优势?[J].产业经济研究,2022(1):85-98.

苏子逢,张笑.政策"目标—工具"视角下政府创新补贴对企业研发投入的影响[J].科技进步与对策,2020,37(19):133-140.

孙红军,王胜光.国家高新区全要素生产率增长的区域差距及影响因素[J].中国科技论坛,2020(8):76-87.

锁利铭,阚艳秋.大气污染政府间协同治理组织的结构要素与网络特征[J].北京行政学院学报,2019(4):9-19.

谭静,张建华.国家高新区推动城市全要素生产率增长了吗?——基于277个城市的"准自然实验"分析[J].经济与管理研究,2018,39(9):75-90.

谭静,张建华.开发区政策与企业生产率——基于中国上市企业数据的研究[J].经济学动态,2019(1):43-59.

田华文,魏淑艳.政策论坛:未来我国政策变迁的重要动力——基于广州市城市生活垃圾治理政策变迁的案例研究[J].公共管理学报,2015,12(1):24-33.

唐诗,包群.高新技术产业开发区提升了出口技术复杂度吗?[J].首都经济贸易大学学报,2017,19(6):45-54.

王飞航,李友顺.基于三阶段数据包络分析模型的我国西部地区国家级高新区创新效率评价[J].科技管理研究,2019,39(1):55-60.

王刚,唐曼.理论验证与适用场域:多源流框架的理论分析——基于14个案例的检验分析[J].公共行政评论,2019,12(5):28-46.

王进富,王亚丹,杨双双.高新区与区域经济耦合协调发展时空格局评价研究[J].科技进步与对策,2016,33(19):118-124.

王晶晶,周婕.国家高新区设立、创新要素集聚与区域创新绩效[J].统计与决策,2024,40(1):184-188.

王京雷,赵静.国家高新技术产业园区能否推动都市圈的创新发展——基于31个都市圈的实证研究[J].中国科技论坛,2021(12):109-117.

王洛忠,李奕璇.信仰与行动:新媒体时代草根NGO的政策倡导分析——基于倡导联盟框架的个案研究[J].中国行政管理,2016(6):40-46.

王鹏,吴思霖,李彦.国家高新区的设立能否推动城市产业结构优化升级?——基于PSM-DID方法的实证分析[J].经济社会体制比较,2019(4):17-29.

王双.国家自主创新示范区演进轨迹与展望[J].改革,2017(5):82-94.

王淑英,付宇.高新区科技成果转化水平提升的多维度分析与实践路径探讨[J].中州学刊,2024(10):29-36.

汪文生,徐天舒.国家高新区设立对企业创新绩效影响研究[J].经济经纬,2020,37(6):76-87.

王小鲁,樊纲.中国地区差距的变动趋势和影响因素[J].经济研究,2004(1):33-44.

王兴平,冯淼,顾惠.城际创新联系的尺度差异特征分析:以长三角核心区为例[J].东南大学学报(哲学社会科学版),2015,17(6):108-116.

王兴平,朱凯.都市圈创新空间:类型、格局与演化研究——以南京都市圈为例[J].城市发展研究,2015,22(7):8-15.

王兴平.创新型都市圈的基本特征与发展机制初探[J].南京社会科学,2014(4):9-16.

王燕,申探明.开发区政策与企业生产效率——理论辨析和实证检验[J].学术论坛,2020,43(4):30-41.

王英伟.权威应援、资源整合与外压中和:邻避抗争治理中政策工具的选择逻辑——基于(fsQCA)模糊集定性比较分析[J].公共管理学报,2020,17(2):27-39.

魏娜,范梓腾,孟庆国.中国互联网信息服务治理机构网络关系演化与变迁——基于政策文献的量化考察[J].公共管理学报,2019,16(2):91-104.

魏淑艳,孙峰."多源流理论"视阈下网络社会政策议程设置现代化——以出租车改革为例[J].公共管理学报,2016,13(2):1-13.

肖攀,李连友,唐李伟,等.中国城市环境全要素生产率及其影响因素分析[J].管理学报,2013,10(11):1681-1689.

解学梅.都市圈城际技术创新"孤岛效应"机理研究[J].科学学与科学技术管理,2010,31(10):78-83.

解学梅.协同创新效应运行机理研究:一个都市圈视角[J].科学学研究,2013,31(12):1907-1920.

谢臻,卜伟.科技服务业集聚、地区创新能力与经济增长——以北京市为例[J].北京社会科学,2018(6):108-118.

徐宛笑.国内府际关系研究述评:内涵、主体与脉络[J].武汉理工大学学报(社会科学版),2015,28(6):1118-1122.

闫国庆,孙琪,陈超,等.国家高新技术产业开发区创新水平测度指标体系研究[J].中国软科学,2008(4):141-148.

杨畅,白雪洁,闫文凯.发展的困局:贸易推动下的高新区绩效[J].数量经济技术经济研究,2013,30(9):106-121.

杨清可,段学军.基于DEA-Malmquist模型的高新技术产业发展效率的时空测度与省际差异研究[J].经济地理,2014,34(7):103-110.

杨烨,谢建国.开发区设立对企业出口产品质量的影响——基于高技能人才质量匹配视角的研究[J].经济评论,2021(2):83-102.

杨志军.模糊性条件下政策过程决策模型如何更好解释中国经验?——基于"源流要素+中介变量"检验的多源流模型优化研究[J].公共管理学报,2018,15(4):39-51.

杨忠泰.基于国家创新体系区域化的区域创新体系建设[J].科学学与科学技术管理,2008(9):48-53.

姚士谋,陈振光,朱英明,等.中国城市群[M].合肥:中国科学技术大学出版社,2006.

殷华方,潘镇,鲁明泓.中国外商直接投资产业政策测量和有效性研究:1979~2003[J].管理世界,2006(7):34-45.

尹俊雅,王海.高新区政策的技术追赶效应——基于内外资企业TFP差距的分析[J].经济学动态,2020(11):115-130.

尹稚.中国都市圈发展报告2018[R].北京:清华大学新型城镇化研究院,2019.

余珮,程阳.我国国家级高新技术园区创新效率的测度与区域比较研究——基于创新价值链视角[J].当代财经,2016(12):3-15.

宇文晶,马丽华,李海霞.基于两阶段串联DEA的区域高技术产业创新效率及影响因素研究[J].研究与发展管理,2015,27(3):137-146.

于永达,药宁.政策议程设置的分析框架探索——兼论本轮国务院机构改革的动因[J].中国行政管理,2013(7):27-31.

袁航,朱承亮.国家高新区推动了中国产业结构转型升级吗[J].中国工业经济,2018(8):60-77.

约翰·W.金登.议程、备选方案与公共政策[M].丁煌,方兴,译.北京:中国人民大学出版社,2004.

曾群华,邓江楼,张勇,等.都市圈、城市群与同城化的概念辨析[J].中国名城,2012(5):4-11.

詹湘东,王保林.知识生态与都市圈创新系统研究——基于文献的述评[J].科学学研究,2014,32(12):1909-1920.

张伯伟,马骆茹.地方政府引导下的区域创新模式研究——以长三角珠三角为例[J].南开学报(哲学社会科学版),2017(2):117-130.

张嘉望,李博阳,彭晖.国家高新区"以集群促发展"政策是否提升了城市创新水平——兼论创新集群"中心—外围"结构的技术互补效应[J].经济学家,2023(11):79-88.

张杰,毕钰,金岳.中国高新区"以升促建"政策对企业创新的激励效应[J].管理世界,2021,37(7):76-91.

张林,高安刚.国家高新区如何影响城市群创新空间结构——基于单中心-多中心视角[J].经济学家,2019(1):69-79.

张明斗,霍琪炜.高新技术产业创新水平对经济发展的影响研究[J].哈尔滨商业大学学报(社会科学版),2020(5):3-20.

张清正,李国平.中国科技服务业集聚发展及影响因素研究[J].中国软科学,2015(7):75-93.

张卫国.我国高校科研生产率提升路径研究——基于31个省份的模糊集定性比较分析[J].中国高教研究,2019(7):78-84.

张韵,钟书华.如何进行供给面区域创新政策的有效设计——基于前瞻性公共政策分析[J].新疆大学学报(哲学·人文社会科学版),2020,48(4):19-31.

赵新正,冯长安,李同昇,等.中国城市网络的空间组织特征研究——基于开发区联系的视角[J].地理研究,2019,38(4):898-910.

周波.高新区与城市的互动发展[J].云南社会科学,2004(3):50-53.

周国富,陈鑫鹏.国家级新区建设对区域经济发展的影响[J].经济经纬,2022,39(3):3-14..

朱凯,胡畔,王兴平,等.我国创新型都市圈研究:源起与进展[J].经济地理,2014,34(6):9-15.

朱文涛,顾乃华.科技服务业集聚是否促进了地区创新——本地效应与省际影响[J].中国科技论坛,2017(11):83-92.

朱有志,童中贤,等.长株潭城市群重构:"两型社会"视域中的城市群发展模式[M].北京:社会科学文献出版社,2008.

卓乘风,邓峰.设立国家高新区能否促进地区技术进步?——基于生产性服务业集聚视角的机制检验[J].科研管理,2021,42(7):68-76.

Acemoglu D., Aghion P., Zilibotti F. Distance to Frontier, Selection and Economic Growth[J]. Journal of the European Economic Association,2006,4(1):37-74.

Alder S., Shao L., Zilibotti F. Economic Reforms and Industrial Policy in a Panel of Chinese Cities[J]. Journal of Economic Growth,2016,21(4):305-349.

Anderson J. E. Public Policymaking: An Introduction [M]. Boston: Wadsworth Cengage Learning,2011.

Autio, Erkko. Evaluation of RTD in Regional Systems of Innovation[J]. European Planning Studies, 1998, 6(2):131-140.

Baldwin R., Okubo T. Heterogeneous Firms, Agglomeration and Economic Geography: Spatial Selection and Sorting [J]. Journal of Economic Geography, 2006, 6(3):323-346.

Baumgartner F. R., Breunig C., Green-Pedersen C., et al. Punctuated Equilibrium in Comparative Perspective[J]. American Journal of Political Science, 2009, 53(3):603-620.

Baumgartner F. R., Bryan J. Agendas and Instability in American Politics[M]. Chicago: The University of Chicago Press, 1993.

Baumgartner F. R., Martial F., Abel F. Punctuated Equilibrium in French Budgeting Processes[J]. Journal of European Public Policy, 2006, 13(7):1086-1103.

Bozzini E. The Merits of the Synthesis between Theories: An Explanation of Policy Change in European Regulation on Pesticides through the Multiple Stream Framework and the Stage Model[J]. World Political Science, 2018, 14(2):213-234.

Brasil F. G., Henrique D. M. E. S. I., Zambello A. V. The Effects of Policy Change on Brazil's Public Higher Education System [J]. Latin American Policy, 2017, 8(2):313-331.

Brunner S. Understanding Policy Change: Multiple Streams and Emissions Trading in Germany[J]. Global Environmental Change, 2008, 18(3):501-507.

Caves D. W., Christensen L. R., Diewert W. E. Multilateral Comparisons of Output, Input, and Productivity Using Superlative Index Numbers[J]. Economic Journal, 1982, 92(365):73-86.

Commendatore P., Kubin I., Sushko I. Obtaining a Hub Position: A New Economic Geography Analysis of Industry Location and Trade Network Structures [J]. Metroeconomica, 2021, 72(1):148-172.

Cooke P. Regional Innovation Systems: Competitive Regulation in the New Europe[J]. Geoforum, 1992, 23 (3):365-382.

Cooke P. Transition Regions: Regional-national Eco-innovation Systems and Strategies[J]. Progress in Planning,2011,76(3):105-146.

Cummings J. L., Teng B. Transferring R&D Knowledge: The Key Factor Affecting Knowledge Transfer Success[J]. Journal of Engineering and Technology Management,2003,20(1/2):39-68.

Diez J. R. Metropolitan Innovation Systems: A Comparison between Barcelona, Stockholm, and Vienna[J]. International Regional Science Review,2002,25(1):63-85.

Doloreux D. Regional Networks of Small and Medium Sized Enterprises: Evidence from the Metropolitan Area of Ottawa in Canada[J]. European Planning Studies,2004,12(2):173-189

Ehrlich M., Seidel T. The Persistent Effects of Place-based Policy: Evidence from the West-German Zonenrandgebiet[J]. American Economic Journal: Economic Policy, 2018,10(4):344-374.

Fleisher B. M., Li H. Z., Zhao M. Q. Human Capital, Economic Growth, and Regional Inequality in China[J]. Journal of Development Economics, 2010,92(2):215-231.

Hall P. A. Policy Paradigms, Social Learning, and the State: The Case of Economic Policymaking in Britain[J]. Comparative Politics, 1993,25(3):275-296.

Hogwood B. W., Peters B. G. The Dynamics of Policy Change: Policy Succession[J]. Policy Sciences, 1982,14(3):225-245.

Kline P., Moretti E. Local Economic Development, Agglomeration Economies, and the Big Push: 100 Years of Evidence from the Tennessee Valley Authority [J]. Quarterly Journal of Economics,2013,129 (1):275-331.

Koebele E. A. Integrating Collaborative Governance Theory with the Advocacy Coalition Framework[J]. Journal of Public Policy, 2019, 31(1):35-64.

Kristin O. D. An Assessment of Aggregate Focusing Events, Disaster Experience, and Policy Change[J]. Risk, Hazards & Crisis in Public Policy, 2017, 8(3): 201-219.

Laincz C. A., Peretto P. F. Scale Effects in Endogenous Growth Theory: An Error of Aggregation not Specification[J]. Journal of Economic Growth, 2006, 11(3): 263-288.

Llamosas C., Upham P., Blanco G. Multiple Streams, Resistance and Energy Policy Change in Paraguay (2004－2014)[J]. Energy Research & Social Science, 2018, 42:226-236.

Lowi T. J. Four Systems of Policy, Politics, and Choice[J]. Public Administration Review, 1968, 32(4):298-310.

Lundgren M., Squatrito T., Tallberg J. Stability and Change in International Policy-making: A Punctuated Equilibrium Approach[J]. Review of International Organizations, 2017(4):1-26.

Lundvall B. A., Borras S. Science, Technology and Innovation Policy[M]. Oxford: Oxford University Press, 2006.

Luxon E. M. What do Advocates Know about Policymaking? Revealing Process in the Advocacy Coalition Framework[J]. Journal of European Public Policy, 2017, 26(1):1-20.

Malmquist S. Index Numbers and Indifference Surfaces[J]. Trabajos de Estadística y de Investigación Operativa, 1953, 4(2):209-242.

Meijers E. Polycentric Urban Regions and the Quest for Synergy: Is a Network of Cities More than the Sum of the Parts?[J]. Urban Studies, 2005, 42(4): 765-781.

Nwalie M. I. Advocacy Coalition Framework and Policy Changes in a Third-world Country[J]. Politics & Policy, 2019, 47(3):545-568.

Okubo T., Picard P. M., Thisse J. F. The Spatial Selection of Heterogeneous Firms[J]. Journal of International Economics, 2010, 82(2):230-237.

Ossa R. A Quantitative Analysis of Subsidy Competition in the US[R]. NBER Working Paper, 2015.

Ottaviano G. I. P. "New" New Economic Geography: Firm Heterogeneity and Agglomeration Economies [J]. Journal of Economic Geography, 2011, 11(2):231-240.

Park A. Y. S., Sapotichne J. Punctuated Equilibrium and Bureaucratic Autonomy in American City Governments[J]. Policy Studies Journal, 2020, 48(4):896-925.

Pierce J. J., Peterson H. L., Hicks K. C. Policy Change: An Advocacy Coalition Framework Perspective[J]. Policy Studies Journal, 2020, 48(1):64-86.

Provan K., Kenis P. Modes of Network Governance: Structure, Management, and Effectiveness[J]. Journal of Public Administration Research and Theory, 2008, 18(2):229-252.

Radicic D., Pugh G. R&D Programmes, Policy Mix, and the "European Paradox": Evidence from European SMEs[J]. Science & Public Policy, 2016, 44(4):497-512.

Ragin C. C. Fuzzy-set Social Science [M]. Chicago: University of Chicago Press, 2000.

Rocha A., Silva C. G. D., Perobelli F. The New Economic Geography and Labour Emigration: Analysing Venezuela's Hyperinflation Episode[J]. Journal of International Development, 2021, 34(5):175-202.

Rogge K. S., Reichardt K. Policy Mixes for Sustainability Transitions: An Extended Concept and Framework for Analysis[J]. Research Policy, 2016, 45(8):1620-1635.

Rothwell R., Zegveld W. Reindustrialization and technology[M]. Logman Group Limited, 1985.

Roux S., Gobillon L., Puga D., et al. The Productivity Advantages of Large Cities: Distinguishing Agglomeration from Firm Selection[J]. Econometrica, 2012, 80(6): 2543-2594.

Sabatier P. A. An Advocacy Coalition Framework of Policy Change and the Role of Policy-Oriented Learning Therein[J]. Policy Sciences, 1988, 21(2-4): 129-168.

Schot J. Transforming Innovation Policy, Keynote Address at Edges, Horizons and Transformations: The Future of Innovation Policy[R]. London: The Royal Society of Art, 2014.

Venables A. J. Productivity in Cities: Self-selection and Sorting[J]. Journal of Economic Geography, 2011, 11(2): 241-251.

Wang Z. L., Yang Y. Q., Wei Y. Has the Construction of National High-Tech Zones Promoted Regional Economic Growth? —Empirical Research from Prefecture-Level Cities in China[J]. Sustainability, 2022, 14(10): 6349.

Weible C. M., Sabatier P. A. Coalitions, Science, and Belief Change: Comparing Adversarial and Collaborative Policy Subsystems[J]. Policy Studies Journal, 2009, 37(2): 195-212.

Welsh W. A. Toward Effective Typology Construction in the Study of Latin American Political Leadership[J]. Comparative Politics, 1971, 3(2): 271-280.

Woodside A. G. Moving beyond Multiple Regression Analysis to Algorithms: Calling for Adoption of a Paradigm Shift from Symmetric to Asymmetric Thinking in Data Analysis and Crafting Theory[J]. Journal of Business Research, 2013, 66(4): 463-472.

Yong L., Mezei J., Kostakos V., et al. Applying Configurational Analysis to IS Behavioural Research: A Methodological Alternative for Modelling Combinatorial Complexities[J]. Information Systems Journal, 2017, 27(1): 59-89.

Zhu W. W., Zhu Y. Q., Lin H. P., Yu Y. Technology Progress Bias, Industrial Structure Adjustment, and Regional Industrial Economic Growth Motivation—Research on Regional Industrial Transformation and Upgrading Based on the Effect of Learning by Doing[J]. Technological Forecasting & Social Change, 2021, 170:1.